合伙人制

颠覆传统组织架构的管理新思维

蔡余杰 纪海 许嘉轩 著

当代世界出版社

图书在版编目（CIP）数据

合伙人制：颠覆传统组织架构的管理新思维 / 蔡余杰，纪海，许嘉轩著.—北京：当代世界出版社，2015.10

ISBN 978-7-5090-1053-2

Ⅰ.①合… Ⅱ.①蔡… ②纪… ③许… Ⅲ.①企业结构—研究 Ⅳ.①F271

中国版本图书馆 CIP 数据核字（2015）第 236572 号

书　　名	合伙人制：颠覆传统组织架构的管理新思维
出版发行	当代世界出版社
地　　址	北京市复兴路4号（100860）
网　　址	http://www.worldpress.org.cn
编务电话	（010）83908456
发行电话	（010）83908409
	（010）83908455
	（010）83908377
	（010）83908423（邮购）
	（010）83908410（传真）
经　　销	全国新华书店
印　　刷	北京凯达印务有限公司
开　　本	710毫米×1000毫米 1/16
印　　张	16.5
字　　数	220千字
版　　次	2015年11月第1版
印　　次	2016年10月第2次
书　　号	ISBN 978-7-5090-1053-2
定　　价	42.00元

如发现印装质量问题，请与承印厂联系调换。

版权所有，翻印必究，未经许可，不得转载！

PREFACE

  2014年9月19日，阿里巴巴集团正式登陆美国纽约交易所，以92.7美元的价格开盘，一举超越Facebook，成为全球仅次于谷歌的互联网公司。阿里巴巴在美国成功上市，除了惊人的数据、极高的人气和巨大的预期增值空间外，最具话题性和争议性的，恐怕就是其实行的"合伙人制度"了。

  实际上，阿里巴巴的首选上市地点是中国香港，但由于合伙人制度等问题存在争议，港交所一直未对其放行，这使得阿里巴巴在历经半年的努力后，最终放弃在中国香港上市。

  不过，在中国香港上市受挫并未使马云对合伙人制度有所动摇，相反，2013年9月10日，在与中国香港联交所就IPO问题的谈判正式破裂（2013年9月25日）之前，马云以内部邮件的方式正式披露了阿里巴巴集团的合伙人制度。

  以下是马云邮件全文：[①]

各位阿里巴巴人：

  最近大家一定从媒体那里，听了不少关于阿里巴巴合伙人制度以及公司上市后控制权的报道。今天是阿里巴巴的14年周年庆，正好在这个有意义的日子，向大家汇报一下阿里巴巴合伙人制度的情况。

---

① 资料来源：新浪科技

14年前的今天,阿里巴巴18名创始人正式走上了创业之路。4年前,也就是阿里巴巴10周年庆的时候,我们宣布18名集团的创始人辞去"创始人"身份,从零开始,面向未来。

人总有生老病死的那一天。阿里巴巴的创始人因各种原因会离开这家公司。我们非常明白公司能走到今天,不是18个创始人的功劳,而是他们创建的文化让这家公司与众不同。大部分公司在失去创始人文化以后,会迅速衰落蜕变成一家平庸的商业公司。我们希望阿里巴巴能走得更远。

如果不出大的意外,我们公司将有机会参与并见证中国电子商务零售过10万亿的那一天。但我们不希望成为一家只是能卖几万亿货的公司,我们希望自己能在未来的发展中,不断培养出无数如同淘宝、支付宝、余额宝那样的创新性服务和产品,更希望我们的生态文化能造就更多未来的优秀企业。这才是我们真正想要的!

怎样的制度创新才能实现我们的梦想呢?从2010年开始,集团开始在管理团队内部试运行"合伙人"制度,每一年选拔新合伙人加入。合伙人,作为公司的运营者,业务的建设者,文化的传承者,同时又是股东,最有可能坚持公司的使命和长期利益,为客户、员工和股东创造长期价值。在过去的3年,我们认真研讨合伙人章程,在前三批28位合伙人选举的过程中,对每一位候选人都展开了激烈的争论,对公司重要的决策深入讨论,积累了很多经验。在3年试运行基础上,我们相信阿里巴巴合伙人制度可以正式宣布了!

阿里巴巴合伙人的产生必须基于——"在阿里巴巴工作5年以上,具备优秀的领导能力,高度认同公司文化,并且对公司发展有积极性贡献,愿意为公司文化和使命传承竭尽全力。"我们相信只有一个热爱公司、使命驱动、坚持捍卫阿里巴巴文化的群体,才能够抗拒外部各种竞争和追求短期利益的压力。

　　有别于绝大部分现行的合伙人制度，我们建立的不是一个利益集团，更不是为了更好地控制这家公司的权力机构，而是企业内在动力机制。这个机制将传承我们的使命、愿景和价值观，确保阿里巴巴创新不断，组织更加完善，在未来的市场中更加灵活、更有竞争力。这个机制能让我们更有能力和信心去创建我们理想中的未来。同时，我们也希望阿里巴巴合伙人制度能在公开透明的基础上，弥补目前资本市场短期逐利趋势对企业长远发展的干扰，给所有股东更好的长期回报。

　　正如我们过去一直强调的那样，阿里巴巴并非是某一个或者某一群人的，它是一个生态化的社会企业。运营一个生态化的社会企业，不能简单依靠管理和流程，而越来越多地需要企业的共同文化和创新机制，以制度创新来推动组织升级。我们出台合伙人制度，正是希望通过公司运营实现使命传承，使阿里巴巴从一个有组织的商业公司，变成一个有生态思想的社会企业。为此，集团希望更多的阿里巴巴人涌现出来加入合伙人团队，使我们的生态化组织拥有多样性和可传承性，保持源源不竭的发展动力。

　　各位阿里巴巴人，我们不一定会关心谁去控制这家公司，但我们关心控制这家公司的人，必须是坚守和传承阿里巴巴使命文化的合伙人。我们不在乎在哪里上市，但我们在乎我们上市的地方，必须支持这种开放、创新、承担责任和推崇长期发展的文化。

　　阿里巴巴人，在路上！

阿里巴巴集团董事局主席　马云

2013 年 9 月 10 日

之所以将马云的邮件呈现给各位读者,主要是想让大家了解这家中国互联网巨头是基于怎样的考虑采取了合伙人制度,又为何即使受挫也要坚持下去。

那么,让阿里巴巴钟情的"合伙人制度"究竟是什么样的制度呢?

"合伙人制度"最早出现于中世纪的欧洲,是一种企业管理机制,在我国上升到法律制度层面的时间比较晚,2006年8月7日,《中华人民共和国合伙企业(修订案)》正式通过,2007年6月1日起正式实行。

中国及其他一些国家的法律对合伙人的解释是这样的:合伙人是指共同出资、共同管理企业,并对企业债务承担无限连带责任的人。可以说,合伙人既是企业的所有者和管理者,也是企业债务和责任的责任人。但阿里巴巴的"合伙人制度"有自己的独特性,阿里巴巴合伙人的身份不等同于股东、董事,也不需要承担无限连带责任。根据阿里巴巴集团的公司章程,"合伙人"拥有的权力是提名董事会中的大多数董事人选。至于具体的内容,书中会有专门的章节予以详细解释。

合伙人制度虽然是一种比较古老的制度,却是一种更符合商业逻辑和互联网思维的企业管理制度。

互联网的到来,使人与组织的关系、人与组织的力量对比发生了改变。不同于原先金字塔式的层级结构,组织结构变得更加扁平化和网状化。在这样的组织结构中,不再有绝对的命令者和指挥者,每一个个体都能高度自治,并创造出巨大的价值。正如海尔总裁张瑞敏提出的"企业无边界、管理无领导、供应链无尺度、员工自主经营"的组织管理思维那样,只要个体能够发挥出巨大的效能,就能拥有话语权。

实际上,已经将合伙人制和合伙人理念应用到企业管理中,颠覆传统组织架构的企业不胜枚举。例如,中国大酒店推崇"合伙人文化",打造最佳雇主;

小米科技去KPI驱动，采用扁平化管理，贯彻以人为本的思想；老板电器下放经营权，推出"千人合伙人计划"；万科推行事业合伙人，实现白银时代企业的转型升级；海尔鼓励内部创业，让员工成为创客，探索"人单合一"新模式；永辉超市通过一线员工合伙制和专业买手股权激励，提升组织绩效；华为采用"获得分享制"，让合伙人制度取代传统雇佣制。

以上企业中，既有互联网新型产业的代表，也有传统产业的代表，虽然各个产业之间并无交集，但都实行了合伙人制度。

纵观国际市场的知名企业，不难发现投行实行合伙人制十分普遍，比如摩根士丹利、高盛、美林等，均以合伙制起家。这主要是由投行的业务特点决定的，投行是以人为本的智力密集型行业，适合扁平化管理。不过，随着近几年互联网思维的渗透，其他行业采用合伙人制的也越来越多。

本书不仅详述了合伙人制度崛起的原因、合伙人制度的内核、股权架构、合伙人制度下的人才激励模式，而且梳理了创业合伙人、事业合伙人等不同模式的具体战略，希望能够对读者有所启发。

Part 1　组织重构 VS 管理变革：雇佣时代结束，合伙人时代到来

合伙人制度崛起：颠覆传统组织架构的管理新思维　/2

自由雇佣 VS 联盟制胜：互联网时代的新型雇佣模式　/9

从金字塔走向扁平化：用互联网思维重构组织架构　/16

让"合伙人制度"落地：合伙人制度的4种操作模式　/21

黄金时期已去，房企如何"嫁接"合伙人制度？　/27

Part 2　合伙人制度的内核：把员工当合伙人，构建企业与人才的"利益共同体"

组织管理进化论："给别人打工"PK"给自己打工"　/36

同仁法则：企业人性化管理与激励的核心本质（上）　/43

同仁法则：企业人性化管理与激励的核心本质（下）　/52

零售业"店铺合伙人制度"：从"双输"走向"双赢"　/61

中国大酒店的"合伙人文化"：最佳雇主是如何打造的？　/65

Part 3　创业合伙人：告别单枪匹马时代，搭班子、定制度、合伙创业！

合伙创业时代，如何挑选创业合伙人、搭建创业团队？　/72

创业团队 VS 设计管理：如何建立稳定的合伙人机制？ /80

伟大的联合创始人：选择联合创始人的 4 个最高标准 /87

合伙人制 VS 人本管理：小米创业团队为什么能成功？ /92

Part 4　事业合伙人：职业经理人 + 风险共担，释放组织无限潜能

新时代下的战略管理选择：职业经理人 or 事业合伙人 /104

领导力转型：从"职业经理人"到"内部创业合伙人" /108

从迈克尔·波特五力模型辨析："事业合伙人"的概念 /116

老板电器的转型：经营权下放，推出"千人合伙人计划" /125

万科事业合伙人：白银时代，万科实现转型升级的核心战略 /132

Part 5　合伙人制度 VS 内部创业：颠覆性创新时代的管理大变革

内部创业："互联网+"时代，传统企业的必然抉择 /142

裂变式创业 VS 管理转型：内部创业的六大模式（上） /148

裂变式创业 VS 管理转型：内部创业的六大模式（下） /154

培养内部企业家：让企业架构和文化为内部创业护航 /159

《反脆弱》启示录：内部创业必须要遵循的 3 项基本原则 /168

海尔的内部创业：让员工成为创客，探索"人单合一"新模式 /174

Part 6　合伙人制度 VS 股权架构：如何牢牢地掌握公司的控制权？

联合创始人 VS 股权分配：如何设计公司的股权架构？ /186

新创公司如何设计合伙人股权的进入和退出机制？（上） /196

新创公司如何设计合伙人股权的进入和退出机制？（下） /203

解析阿里巴巴合伙人制度：战略董事会与控制权之争（上） /210

解析阿里巴巴合伙人制度：战略董事会与控制权之争（下） /218

Part 7 卓越绩效的核心驱动力：合伙人制度下的人才激励 3.0 模式

合伙人改造：全员经营体系和内部事业合伙人制度 /228

揭秘永辉超市合伙人制度：从战略角度上提升组织绩效 /232

华为"获得分享制"：合伙人制度取代传统雇佣模式 /238

最佳人才管理实践：揭秘高盛合伙人制度与激励制度 /244

Part 1

组织重构 VS 管理变革：
雇佣时代结束，合伙人时代到来

合伙人制度崛起：颠覆传统组织架构的管理新思维

2013年，电影《中国合伙人》红遍大江南北，它以极强的代入感、逼真的情节吸引了大量影迷，也从侧面向我们展示了在公司创建初期，合伙人制是一个非常好的选择。

正所谓"众人拾柴火焰高"，在明确创业目标之后，拉上几个志趣相投的合伙人一起奋斗，通常是大多数人的选择。实行合伙人制最为成功的当属阿里巴巴，从创业初期就开始实行合伙人制的阿里巴巴在美国成功上市，最初的那些合伙人也成就了业界的一段佳话。事实上，采用合伙人制并取得巨大成功的企业并非只有阿里巴巴，万科、华为、小米等也都是合伙人制的青睐者。

越来越多的初创企业开始采用合伙人制，并且逐渐形成了一套规范的体系，但即便如此，合伙人制也不是所有企业都可以拿来就用的，如在一些家族式企业中就很难推行。

➡ 合伙制企业和合伙人制度

合伙制企业并不等同于合伙人制度，前者强调的是企业的组织形式是建立在公司制之上的，很多人混淆这两个概念，可能是因为合伙制企业大多采用的是合伙人制度。

合伙人制度自中世纪诞生以来，逐渐演化出两种主要形式：**有限合伙人制和无限合伙人制，后者又被称为普通合伙人制**。有限合伙人制是指在一个以上合伙人承担无限责任的基础上，允许有更多投资人承担有限责任的经营组织形式；无限合伙人制是指由两个或者两个以上的合伙人共同拥有企业，并分享企业获得的利润，其最主要的特点是风险共担、利益共享。

合伙人制的这两种形式是在经济快速发展的过程中，为满足初创企业而衍生出来的新型组织形式。有限合伙人制是对无限合伙人制的补充，它赋予了合伙制企业新形式，是适应时代要求的新组织形式。

有限合伙人制可以追溯到 10 世纪左右的康孟达契约。当时，教会法对商业投机和放贷行为有着极其严格的限制，一些投资家为了降低投资风险，创造了康孟达契约。

最初的康孟达契约只应用在高风险、高回报的航海贸易上。一方投资者垂涎海上贸易的巨大收益，却又不想冒着巨大的风险出海；而另一方投资者有经验、敢于冒险，想要从事海上贸易却没有资金，于是这种双方各取所需的康孟达契约便应运而生。

从更深层次上来说，这种契约的双方并不平等，一方投资人提供资金和资源；另一方投资人提供自己的知识、技能及经验，双方共同从事海上商业贸易。然而在获得利润后，提供知识和技能的一方通常只能获得 1/4 的利润，却要承担经营风险的无限责任,而提供资金的一方能获得3/4的利润,且只需承担其所出资的有限责任。

这是关于合伙人制的最早记载,当时没有"合伙人制"概念,但就其功能和意义来看,这就是早期的合伙人制。合伙人制历史悠久,长期以来一直是一种重要的企业组织形式,时至今日又被人们赋予了新的意义,并开始在企业中发挥重要作用,焕发出旺盛的生命力。

合伙的经营方式伴随着人类合作的经营行为而出现,但其出现在法律条文里并没有多长时间,直到2007年6月初,我国才开始实行《合伙企业法》,在这部法律中第一次提及了有限合伙制度。

合伙人制在中国

在中国,合伙人制在律师事务所和会计师事务所应用得最为广泛,只要有三个及以上的律师或会计师共同发起,合伙制事务所即可成立。合伙人制作为现代社会一种新的组织构架形式,被普遍应用于智力密集型行业,它对资金的要求不是很高,但需要合伙人有共同的价值追求,对经营的产业有一致的见解,以市场需求为主要经营方向,在遇到纠纷时合伙人能够共同承担风险。

近来,合伙人制开始被越来越多的企业所采用,尤其在一些民营企业,其应用更是广泛。合伙人制公司的特点大致相同,公司属于两个及两个以上的合伙人,合伙人按照一定的比例分享利润,公司的所有者或者股东就是合伙人。合伙人共享利润的同时还要共担无限责任,一些企业的合伙人只出资但不参与企业的经营活动,这样的合伙人要自负盈亏,另外,合伙人的规模依据企业的发展需要而定,没有固定的标准。

实行合伙人制的企业通常都比较人性化,这使得企业能够朝着既定目标发展。初创企业的合伙人通常都是志同道合的朋友，他们有着高度一致的价值追求，每个合伙人都拥有自己擅长领域的企业管理经营权，这种形式在智力密集型的企业中能最大程度地调动员工的积极性，使合伙人团结在一起，促使公司走上良性发展的轨道。

近几年，采用合伙人制的行业逐渐宽泛起来：根据"人人都是经营者"的阿米巴原理，爱尔眼科开创性地推出在内部创业的合伙人计划；万科用事业合伙人计划来改变股权比较分散的股权结构；阿里巴巴则采用了股权与控制权分离的新型合伙人制，很大程度上加强了创始人和合伙人的自主经营权，使其摆脱了资金的限制。

以上3家企业的合伙人制各有特点，下面我们来分别分析一下他们各自的特点。

（1）爱尔眼科合伙人制

★目标：激励员工内部创业。

★对象：公司总部及分部的精英人才、现有及将要引入的顶级人才。

★模式：按投资比例进行利润分成，当发展到一定规模实现一定盈利时，由企业以合适的价格收购合伙人部分股权。

★资金来源：新医院的上级医院与公司总部的合伙人结合经营情况分批投资，还有部分合伙人一步到位的资金投入。

★业绩考核：对合伙人公司有一套动态的考核标准，充分结合地域、政策、规模等因素做出公正的评判。

★退出机制：在合伙人任职期间，正常退出或被迫退出，其股权均可转让，但必须是在全体合伙人一致同意的情况下，被转让人只能是普通合伙人和退出人同意的受让人。

（2）万科合伙人制

★目的：提高企业经营团队的控制力。

★对象：公司经营团队。

★模式：万科投资了深圳盈安财务顾问有限公司，深圳盈安财务顾问有限公司作为普通合伙人，上海万丰资产管理公司和华能信托有限公司作为有限合伙人，这3家企业同属万科控制。被万科投资之后的深圳盈安财务顾问企业（有限合伙）——盈安合伙，不断地在证券交易市场收购万科的股票，目前已经跃身为万科的第二大股东。

★资金来源：吸纳员工的经济利润奖金，利用企业外部杠杆资金。

万科的这种事业合伙人制有期权成分，他们按照《授权委托与承诺书》规定，将个人在集体经济利润账户中的所有收益，委托给盈安合伙进行投资，这些财产被统一封闭管理，不能直接支付给个人，并且当年所获收益需延迟3年才能发放。

（3）阿里巴巴合伙人制

★目标：保持公司经营团队控制能力。

★对象：随着每年新加入的成员而动态变化，对企业文化高度认可，通常是那些为企业效力了至少5年的高管。

★模式：建立一个对董事会成员具有提名权的合伙人团体，使所有权与控制权分离，避免发生因股权减少而控制权降低的局面。

➡ 4类企业适合合伙人制

合伙人制可以最大程度地发挥人力资本的优势，但也并非所有企业都适合合伙人制，下面我们就来探讨一下，究竟什么样的企业适用合伙人制，如图1-1所示。

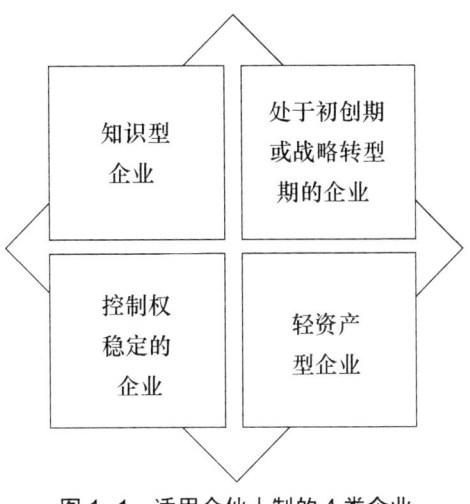

图1-1 适用合伙人制的4类企业

(1) 知识型企业

知识型企业要不断进行有价值的创新,因此其对员工的学习能力、责任感、合作能力、创造能力等要求很高。合伙人制可以有效地协调资本投入与智力投入的关系,合伙人采用有限合伙模式对企业进行持股,突破了传统的雇主与雇员的雇佣关系,使得资本投入和智力投入能够共享企业利润,能增强企业员工的归属感,并能提高其积极性。

(2) 处于初创期或战略转型期的企业

处于初创期或战略转型期的企业通常要面对合作、创新、风险、授权等一系列问题,这时就需要一套合理的奖励机制来解决这些问题,采用合伙人制可以加强员工对企业文化和管理制度的认可度,增加股东、投资人的信心,从而使企业在市场竞争中占据主动地位。

(3) 控制权稳定的企业

股东和合伙人有一致的价值追求,是维护合伙人制稳定的基石。分散的股权结构会成为企业发展的绊脚石,会严重影响企业的执行力和决策力,如果这样的企业再引入新的合伙人，不但于企业发展无益，还会引起不必要的纠纷。比如万科就属于控制权稳定的企业，虽然它在经历具有重要转折意义的"君万之争"后股权被分散，但合伙人制使得经营团队掌握着绝对的控制权，因此没出现控制权旁落的局面。

（4）轻资产型企业

相较于设备、厂房、原材料等需要占据大量资金的重资产型企业，轻资产型企业的主要资产是无形资产，比如企业的经验、规范的流程和管理、资源获取和整合能力、企业的品牌、企业文化等。诸如阿里巴巴、小米等是典型的轻资产型企业，它们对资源的依赖性相对较弱，更加注重低投入、高回报的知识产权型投入，对合伙人来说，其能以较低的入股价格获得较高的收益，因此，相较于重资产型企业，轻资产型企业更容易获得合伙人的青睐。

合伙要防止股权分散

事实上，即便是适合采用合伙人制的企业，也不一定能够顺利推行合伙人制，合伙人制的核心在于合伙人之间心照不宣却又默契遵守契约的精神。

契约精神需要明确权利义务，并把具体规定写进企业制度里，即使现在用不到，将来面临突发状况时也许就会用到，这可以借鉴其他优秀企业的规章制度，在企业控制权上一定要具体到每一个细节，不要留下漏洞，以免出现像乾照光电合伙人之间争夺控制权那样的危险局面。

2013年11月5日，乾照光电一份部分股东不再续签《一致行动协议》的声明在业界引起轩然大波，其创始合伙人邓电明、王维勇、王向武3人解除共同控制关系。

据此，公司所有单个股东持有股份的比例均未超过公司总股本的30%，同时，公司任何股东均无法单独通过实际支配公司股份表决权决定公司董事会半数以上成员选任以及公司重大事项。根据以上情况，乾照光电陷入了无实际控制人的危局。这一情况的发生源于公司成立之初的股权分配比例不合理，没有一人保持优势控股地位。

实行合伙人制的企业的股权分配应当遵循科学合理的原则，最大的股东所持股份比例应超过50%，这样可以保证其绝对的控股权，股权的结构安排应尽量按照奇数原则，这样才能保障各个股东之间的相互制衡，维护企业的相对稳定。

自由雇佣VS联盟制胜：互联网时代的新型雇佣模式

从一而终地侍奉一家公司的时代已经一去不复返，而在互联网时代盛行的自由雇佣制，因无法在员工与企业之间建立高度的信任感，也就不利于企业的发展创新。

企业应该采用何种人才策略才能满足其创新需求？未来员工在职场实现自己价值的关键在哪里？

全球最大的职业社交网站LinkedIn的创始人里德·霍夫曼（Reid Hoffman）在他的《联盟》一书中提出了一种全新的管理理念，即联盟。所谓联盟就是推动员工与企业之间的商业交易关系向互惠关系转型，并为其转型提供一种框架结构，同时还创立了一种公司与个人之间可以相互投资的模式。

此外,《联盟》还鼓励企业推行任期制的雇佣方式,把非终身雇佣的员工发展成为公司的人脉,利用广大的人脉网为公司收集更多的信息和情报。雇员与雇主在互惠关系的基础上建立强大的联盟,可以共同拥有创新的源泉和丰富的信息,对员工个人、团队、企业的发展都具有重要意义。

➡ 利用联盟重塑员工与企业之间的信任和忠诚

既然自由雇佣制无法满足互联网时代企业创新所需的信任和忠诚,那么就有必要重新塑造企业与员工之间的关系。在互联网时代,商业领域的发展对雇佣关系提出了新的要求,新的雇佣关系不仅有利于雇主和雇员之间建立相互信任的关系,同时也可以实现雇主与雇员之间相互投资、共同受益的目标。**一个理想的雇佣关系框架应该有利于员工发挥主观能动性,拓展人脉,脚踏实地地工作。**

想象一下这样的场景:你新应聘到一家公司,上班第一天,公司经理对你表示了热烈的欢迎,并希望你能迅速融入公司团队中,为公司日后的发展效力。人力资源部的负责人用了半个小时的时间向你介绍了你在3个月试用期里需要做什么,而且即使过了试用期,你也只是公司的一名自由雇佣制的员工,将来不管出于何种原因,你都有可能遭到解雇。

这样的雇佣关系建立在不诚实对话的基础上,因此不能为你带来足够的安全感,让你有随时会被解雇的感觉,因此也就无法定下心来真心实意地为公司效力。

现在几乎任何一家公司都不会向员工提供有保证的职位,即使有,也会被认为是虚假的。通常情况下,在谈及录用和任期的问题时,大多数雇主都会闪烁其词,或有意回避。他们这样做的目的是为了留住优秀员工,但关于其任期则是不确定的，雇主的这种模糊性回应破坏了雇主与雇员之间的信任基础。因此，大多数员工在为公司效力的同时也随时准备着跳槽，即使他们在面试或者年度考核的时候一再地表忠心。

雇佣双方之间不信任的雇佣关系，使得任何一方都无法充分受益。企业不断面临人才流失，而员工则由于随时在寻找新机会，而不能全心全意地投入到工作中去。

企业的管理者也处在一种两难的境地，他们不敢向员工承诺可以建立一种长期的雇佣关系，甚至不敢承认企业存在这一问题。**他们关注的是怎样在项目完成之前保持团队完整**，而不是从长远来思考如何提升员工素质，促进员工的发展，因为他们不想冒被抛弃的风险。

因此，用一种新的关系框架来重新定义雇员、雇主以及管理者之间的关系，对新时代企业的发展来说非常有必要。

原来的雇佣制度只适用于处在稳定发展期的企业，因为稳定发展的企业会持续增长和壮大，并能利用这种效应实现规模生产，改进生产和工作流程。一般这种公司都与员工都达成了一种心照不宣的默契：**公司为员工提供终身工作，而员工也要以竭诚为公司服务作为交换条件。**

通用电气（GE）的员工福利经理厄尔·威利斯（Earl Willis）在1962年就曾提到，GE的首要目标就是为员工提供最大的保障。

在那个年代，职业几乎是终身制，雇主与员工之间在真诚对话、相互信任的基础上形成了一种长久的雇佣关系，不管公司发展好坏，员工都愿与公司共进退。因为雇佣双方对建立的这段关系都进行了承诺，并以永久存在为前提，因此双方都愿意就这段关系进行投资。

然而，随着时代的发展，世界开始发生变化，主要体现在理念和技术方面。资本主义的兴起使得公司开始将发展的重点转向实现短期财务目标,并通过目标的实现来促进股价的提升。企业开始推行短期成本削减措施,比如进行规模优化、精简组织、裁减员工。在同一时期,电子芯片的体积越来越小,功能越来越强,促成了信息时代的到来,同时也促进了通信革命,诞生了众多更精益高效的企业。

世界的变化使得公司的稳定发展期成为过去,在这个瞬息万变的时代,越来越多的企业开始被驱逐出标准普尔500指数。

一家企业对环境的适应能力以及企业家的精神,对企业的发展具有至关重要的作用。互联网的发展,把全世界各个角落的人都连接在了一起,而且人们可以自由地和任何一个人进行沟通和互动。

终身雇佣制在处于稳定期的公司发挥了重要的作用,但是在迅速发展的互联网时代,终身雇佣制未免显得有些僵硬和死板。在全球范围内,这种用人制度正在面临解体。

在终身雇佣制逐渐消失的背景下,为了稳定公司与员工之间的关系,大多数公司会选择通过签署法律合同来约束彼此,而且这种方式也使企业拥有了更高的灵活性。只不过这种通过法条来维护的关系让员工和工作都变成了短期的商品。当企业需要削减运营成本时,最先想到的可能就是裁员;当企业需要掌握新技能的人才时,会选择再招聘,而不是进行内部培训。许多公司信誓旦旦地说,员工是公司最宝贵的资源,但是在需要削减开支的时候,最宝贵的资源也就变成了首当其冲的牺牲品。

20世纪80年代,世界大型企业联合会专门做过一项调查,调查结果显示,在参与调查的公司高管中,有56%的人认为,如果员工能够忠于公司,并致力于实现公司的商业目标,那么员工就应该得到持续受雇的保障。而仅仅过了10

年，就只有 6% 的高管还坚持这种想法。

20 世纪 60 年代，通用电气声称公司的首要目标是为员工提供最大的保障，而到了 20 世纪 90 年代，其公司的首席执行官杰克·韦尔奇（Jack Welch）却认为员工对公司忠诚对于公司的发展根本没有意义。

在自由雇佣制盛行的年代，社会各界都在鼓励员工将自己视为自由人，其有权利为自己寻求更好的就业机会。韬睿惠悦在 2012 年开展的全球劳动力研究中发现，在接受调查的员工中约有一半人希望可以留在公司，但是表示如果有机会也会去其他公司谋求发展的员工还是占了大多数。

公司与员工之间的雇佣关系已经成了一种交易，双方很难对彼此忠诚，也很难发展成长期的雇佣关系。因此即便在刚入职的时候，双方在工作关系上达成了看似和谐的契约，但其实背后所隐藏的自我欺骗，已经成了双方之间一种不可言说的默契。

世界的发展不可逆转，过去的用人制度已经无法适应世界的变化，商业领域已经失去了基本的信任。

失去了员工忠诚的企业无法拥有长远的发展战略，也就无法对未来进行投资。一家没有未来的企业，等待它的只是一步步地走向灭亡。

将雇佣关系看作是一个联盟

良好的雇佣关系框架不仅可以让员工与公司建立起相互信任的关系，而且会让双方基于信任实现相互投资和共同受益。同时还可以为公司注入更多的新鲜血液，让公司充满活力；防止公司将员工视为一种可以随意处置的资产，提高员工的地位，帮助员工实现自我价值。

《联盟》为新的雇佣关系框架的建立指明了方向，将公司与员工之间的雇佣关系看作是一个联盟：双方在独立、自由、平等的基础上签署一份条款明确的互惠协议。这种雇佣联盟为管理者和员工建立相互信任、投资关系提供了一种有效的框架结构。

在联盟中，雇佣双方建立在可以相互增加彼此价值的能力基础之上，雇主要向员工传达这样的信息：**只要员工能为公司创造价值，公司也会让员工更有价值。**贝恩公司（Bain & Company）的首席人才官拉斯·哈吉（Russ Hagey）曾经向自己的员工表示，公司会让你成长为更优秀的人。

而员工也需要告诉雇主，如果公司能够帮助自己成长，并实现自我价值，那么自己也会竭尽全力为公司效劳。这样，员工与公司之间就形成了双赢的模式——**员工帮助公司壮大，而公司帮助员工提升自身的市场价值。**在这种互惠联盟的基础上，雇主和员工之间可以在信任的基础上相互投资，并共同承担公司朝着更高目标发展所带来的风险。

例如，很多公司投入重金对员工进行培训，但是员工在几个月后离职，这不仅让公司承担了人才流失的压力，同时还需要再投入时间和金钱招聘新员工。因此很多公司认为，既然员工是自由人，那为什么还要耗费高成本来为竞争对手培养人才呢？也就促使其很自然地削减了培训开支。而在联盟关系中，双方可以进行坦诚的对话，并确定明确的预期。管理者可以直接向员工表达公司愿意为其进行的投资以及希望得到的回报，而员工也可以向公司传达其希望获得的技能和经验以及在未来可能为公司创造的价值。

在这种联盟的基础上，雇佣双方可以专注于投资更长期的关系，并追求利益的最大化，这会为雇佣双方带来更大的回报。同时也可以为公司带来更多的活力，并有效提升员工对环境的适应性。

➡ 员工组成的是团队而非家庭

奈飞公司（Netflix）首席执行官里德·黑斯廷斯（Reed Hastings）曾经提到，公司中每一个成员组成的是一个团队而不是家庭。他还提到，当公司的员工准备跳槽时，如果是去同行公司做相似的工作，那么他会竭尽全力地挽留他们；如果不是，那么他会给予他们丰厚的遣散费，让他们安心离开，为公司空出一个位置，以便寻找更好的新员工。

大多数企业的首席执行官将公司定义为"家庭"的出发点是好的——希望能让员工在公司中找到归属感，并凝聚起来为公司创造利益，但是"家庭"这个定义用在公司团队中其实很容易让员工产生误解。

真正的家庭不会存在父母"开除"孩子的情况，而首席执行官虽然将企业形容为一个家庭，但一旦员工达不到公司的标准，不能为公司创造对等的价值，那么就会发生员工被开除的事件。虽然法律上明确规定了自由雇佣制，但是员工在被开除的时候依然会感到自己受到了伤害和背叛。

在一支职业球队中，球队中的成员都是为着一个共同的目标而组合和凝聚在一起的，但是球队的成员结构也可能会发生变化：或者队员选择了去其他球队，或者球队经理决定裁员。因此从这个角度上来讲，企业更像是一支球队。

虽然职业球队不实行终身雇佣制，但是在球队中也同样适用相互信任、相互投资和共同受益的原则。球队成员之间拥有信任的基础，并将球队的成就和荣誉凌驾于个人成就和利益之上。他们将团队的胜利和成就作为实现个人价值的重要方式。常胜队伍的队员也会成为其他球队竞相争夺的对象，他们看中的不仅是球队成员个人的技能，同时也看中了他们在新团队中构建胜利文化的能力。

球队的概念帮助企业了解了应该怎样与员工进行合作以及抱着什么目的去合作，而家庭的概念则教会了企业应该用一种关爱和尊重的态度去对待自己的员工。

终身雇佣制虽然僵硬死板，不能适应变幻莫测的互联网时代，但是这种用人模式能够让企业学会用长远的目光来看待问题和思考企业的战略决策。

而现今所处的自由雇佣制年代，使企业逐渐忽略了长期投资，开始满足于当前的短期目标。要知道，不会投资未来的企业，就不会有长远发展的思考，也就没有持续发展的动力，进而失去创造更多辉煌的机会。

从金字塔走向扁平化：用互联网思维重构组织架构

在传统的企业组织架构中，企业普遍采用的是一种官僚式的分层管理模式，并在此基础上形成多种组织结构形式，比如矩阵式组织结构、事业部式组织结构以及职能式组织结构等，直到今天，仍然有很多企业在沿用这些经典的组织结构。

➡ 从"金字塔"走向"扁平化"

随着互联网时代的到来，企业的生存环境发生了巨大的变化，组织结构在互联网时代已经不能适应企业的发展需求，企业出现了越来越多需要现场管理和临机决定的事宜，如果还是使用运行之前的组织结构，将大大降低公司的工作效率。因此在这种情况下，公司需要一种扁平化的组织结构（如图1-2所示），以尽量缩短决策时间，提高工作效率。

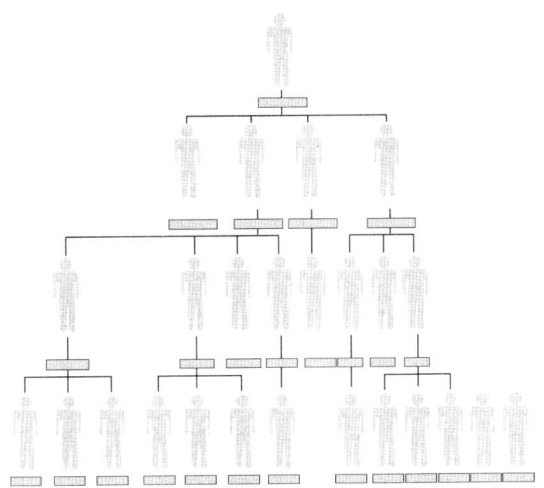

图 1-2　扁平化的组织结构示意图①

淘宝平台上的很多卖家就采用了扁平化的组织结构,比如知名品牌御泥坊,虽然其员工数量接近 400 名,但是实质上其组织结构只有两层——其在核心管理团队之下成立了 30 多个学院,每一个学院不是一个部门组织,而是一个基础的作战单元,这些单元在平时独立运作,当有重大任务的时候,这些独立的单元就会根据需要组成一个比较大的部门,完成任务之后各个单元再回归到本来的编制。

人们的生存环境对企业的组织和文化具有决定性的作用,因此如果生存环境发生变化,而企业的组织和文化不能做出相应的调整,就有可能被时代淘汰。互联网的发展有效解决了信息不对称的问题,表现在企业的组织层面就是去除组织的中层,让组织结构实现扁平化,同时弱化部门概念,消除每个部门存在的天然屏障。此外,企业在进行调整的过程中可以实现组织结构的超级节点化,

---

① 图片来源:新浪教育

通过流程的"节点"来推动业务的流程。

再如,淘宝平台上某知名卖家,2014年在淘宝平台上的交易额达到了数亿元,拥有近200名员工,公司除了专门设有财务和仓储团队外,没有任何其他职能部门。

公司所有业务都由虚拟团队来管理和运作。公司根据业务流程的轻重缓急成立相应的虚拟团队,每一个团队都会有一个专门的负责人,在最多的时候,公司会同时运作十几个项目。每一个项目中都有公司的老板,但是老板并不是在一线指挥的首领,而是负责做好监督、协调以及评估工作的评估员。

在项目的整个流程完成后,老板会对团队运作以及项目开展情况进行评估,并向员工分享在项目开展过程中得到的收获或教训;在评估工作完成后,虚拟团队会自动解散,然后进行业务流程的下一个节点,成立另外一个虚拟团队。老板对整个流程的监督以及协调都是通过QQ群、邮件以及微信群等方式进行的。这种操控和运作模式,使公司大大减少了线下会议的数量,老板和下属之间的沟通都是利用碎片化时间来完成的,有效提高了工作效率。

在传统的企业组织结构中,要用一样的人和组织形式做不同的事,需要耗费更多的人力和时间,同时成功的概率也不高,能够涅槃重生的,主要是得益于组织结构创新。

要想在互联网时代长久地生存下去,企业应该具有灵活的组织架构,摆脱多层级化,将企业从固有的管理模式中解放出来;同时还应该以产品为中心,充分利用和整合企业的资源以推动产品的开发和创新;将市场需求作为产品设计和生产的重要导向,满足客户日益多样化的需求,进一步改善产品和服务。

互联网时代追求一种开放、自由、分享和协作的精神，在企业组织内部也应该有这种精神。因此在互联网思维影响下的企业组织形态也会趋向于扁平化。

为了适应时代的发展要求，谷歌通过对自身的管理方式进行创新，开创了一种全新的组织结构，经过创新的组织结构不仅呈现出扁平化和网络化的特点，同时还实现了高度的民主，让更多的员工拥有自己的权力。在这种组织结构的影响下，谷歌依然保持了高效的运作效率，同时也进一步激发了员工的创新能力，在公司内部营造了一种创新的氛围。

谷歌通过一系列管理创新为自身设计了一种全新的组织结构，表现出扁平化、网络化、彻底分权、高度民主的特征，这种组织结构不但保持了谷歌的高效运行，而且极大地激发了组织成员的创新能力。谷歌专门设有产品研发小组，一般一个管理者拥有50个直接下属，数量多的时候可以达到100个。这种简化的组织结构可以推动信息在更短的时间内实现分享和流动，有效避免了因信息流通不顺畅而产生的问题。

除了运行扁平外的组织结构外，谷歌还设计和运行民主自由的管理体制，在这种管理体制之下，员工拥有充分的话语权，同时还可以对自己的时间进行自由掌控，可以根据自己的兴趣选择要开展的项目。在进行重要决策的时候，谷歌会邀请所有的利益相关方一起进行深度协商，并最终达成一致意见。

谷歌可以在很短的时间内推出新的产品或者版本，这主要得益于其优秀的开发团队，在产品开发的过程中，谷歌拥有的数千名工程师会根据项目需要组成不同的开发团队，每一个团队大概由3～6人组成，负责不同项目中的工作，通常每一个项目运作的时间都不会超过6周。

小米的扁平化团队管理

小米的成功与其优秀的运作团队有着密切的关系，小米内部就是一种扁平化的组织结构。小米认为，优秀的员工具有较强的驱动力和自我管理能力，可以对自己进行有效的管控，而如果公司内部对员工设定相关管理的话，不仅是对员工能力的不信任，同时也会限制员工的自由，让员工在发挥主观能动性为公司创造效益的时候难以施展拳脚。每一个员工都希望能做出最好的东西，因此在这种产品信仰的指引下，员工的管理也就变得相对简单了。

当然，小米运行扁平化的组织结构还有一个重要的前提，就是成长速度，这也是一种高水平的管理。在扁平化管理中，工作效率得到了大大的提升，产品开发周期得以缩短，从而在市场竞争中为公司赢得了更多的先机。

小米的组织架构只有三级：7个核心创始人、部门领导和员工，如图1-3所示。为了提升团队的运作效率，小米每一个团队的规模都是很小的，当团队规模变大的时候就会将其拆分成小团队。从小米的办公布局来看，一层产品、一层营销、一层硬件和一层电商，每层都由一名创始人来负责，并将每一层的工作执行到底。负责不同层的创始人之间互不干涉，各自在分管的领域承担起自己的责任。

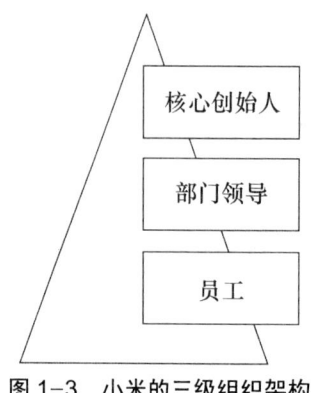

图1-3 小米的三级组织架构

在小米的组织结构中，7个核心创始人都有自己的职位，除此之外，其他的员工都没有职位，都属于工程师，他们可以得到的晋升奖励就是增加薪水。在这种管理结构中，员工不需要费尽心力地应对一些复杂的人际关系，也不会牵扯到团队利益，员工之间的关系相对比较简单，只要将全部精力投入到工作中即可。

在扁平化的组织结构中，没有多层级之间的相互汇报机制，减少了不必要的时间浪费。小米目前拥有10 000多名员工，除了每周一次的例会之外，很少开会，也没有所谓的季度总结会。小米在成立的这几年间，7个创始人一共开过3次集体大会。比如小米在筹划2012年"815电商大战"的时候，只用了不到24小时就完成了策划、设计、开发等多项工作。

让"合伙人制度"落地：合伙人制度的4种操作模式

无论何种类型、何种规模的企业，都是由一个个员工共同组成的，企业的业绩也全都依靠自己的员工做出来，员工的态度和能力决定了企业的发展水平，所以激励员工保持旺盛的进取心和良好的工作状态，是企业成功的关键。

至于具体的激励方法，不同的企业选择会有所不同，很多企业选择了合伙制作为员工激励手段，常见的合伙机制有以下4种操作模式，如图1-4所示。

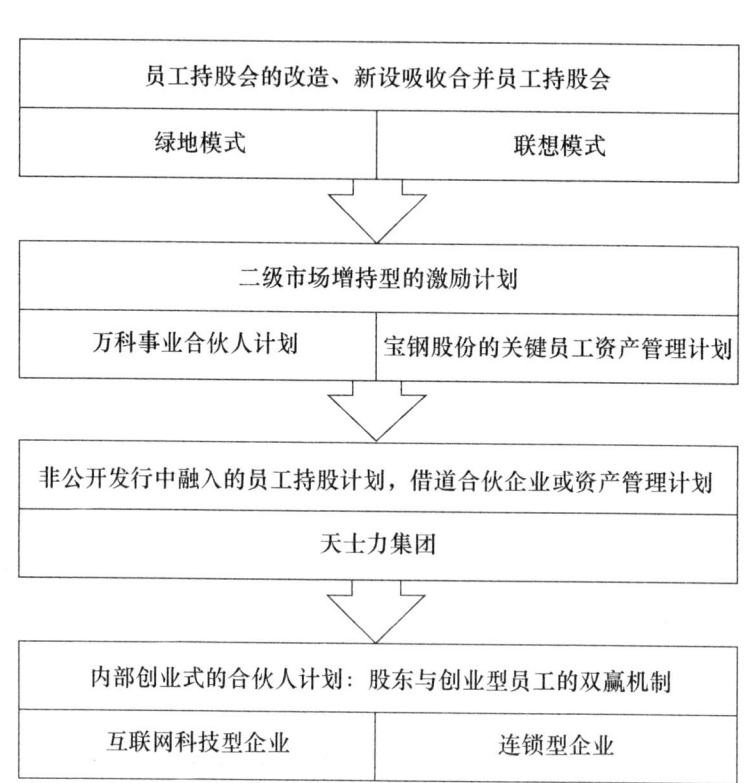

图 1-4　合伙人制度的 4 种操作模式

➡ 员工持股会的改造、新设吸收合并员工持股会

★ 典型代表：绿地模式、联想模式

在十八届三中全会明确提出允许员工持股的改革条例之后，全国上下掀起了一股混合所有制企业改革热潮，作为上海国有企业的标杆，绿地集团率先实行了员工持股改造，通过合伙企业机制进行借壳上市。

2014 年 1 月，绿地集团管理层的 43 名管理人员出资 10 万元成立了上海格林兰投资管理公司，这家公司作为员工持股平台，吸收了 32 家小型有限合伙企业将近 4 000 万元的集体融资，并以普通合伙人的身份与其签订了合作协议，共同设立了上海格林兰投资企业，简称上海格林兰，用来合并职工持股会的资产和债务。

通过这样一个"金蝉脱壳"的资本重组运作，绿地集团完美实现了混合所有制改革，然后借壳金丰投资完成上市布局。绿地并不是第一个采用这种合伙模式的企业，早在2011年，联想就通过设立员工持股会悄悄实现了企业的合伙制改造。

2010年8月，柳传志与联想管理层的其他5名管理人员共同出资500万元成立了北京联持志同，然后又利用职工持股会整合出15家小型公司，联持志同与这15家公司共同组建了联持志远管理咨询公司，其中联持志同以普通合伙人身份全权负责公司运营，其他公司则作为联持志远的有限合伙人享受利润分红，联想通过这种方式实现了职工持股会的非法人地位。

在该模式下，普通合伙人由管理层与其他公司骨干担任，在实现了员工持股的同时，也避免了权力的分散，企业的决策权和控制权仍然保留在少数核心成员手中，既提高了企业决策效率，同时又赋予了他们更高的职责和更大的风险连带责任，使他们在企业运营中更有动力。基于这些优势，可以预见，未来会有更多国资企业采用这种模式来实现员工持股改革。

二级市场增持型的激励计划

★典型代表：万科事业合伙人计划、宝钢股份的关键员工资产管理计划

在进行企业合伙制改革的路上，万科不走寻常路，选择了创新型的"事业

合伙人计划"，引领了企业合伙制改革潮流。

2014年4月，万科集团1 320名员工出资14.1亿元创立了盈安有限合伙企业，成为首批万科事业合伙人，同年5月，盈安合伙引入融资杠杆以3亿元购入3 583.92万股万科A股票，完成了盈安合伙投资首秀，到2015年1月，盈安合伙已累计出资49亿元对万科股票进行了11次增持投资。该计划将员工利益与企业利益结为一体，企业与员工同担风险、共享收益，有效激发了员工的工作积极性，同时实现了管理上的创新。

无独有偶，上海宝钢也采取了类似的方案，2014年5月，宝钢实施了关键岗位员工资产管理计划，面向1 100名管理人员、技能专家、做出卓越贡献的人员等关键岗位员工开放公司股份认购，在员工自筹资金的基础上，公司按照一定的比例搭配出资配套，组成资产管理专项资金，该项资金交由员工认购委托管理产品，其中7成本金用于购置宝钢股票，剩余部分可以用来进行其他投资，3年之后员工即可将本金与收益全部提出。

从本质上来看，宝钢的关键岗位员工资产管理计划也是一种合伙人机制，体现了同甘共苦、利益相关的合伙理念，是一种约束和激励并重的管理机制。

其实，事业合伙人计划与关键岗位员工资产管理计划并不是两家公司对于员工持股计划的首次尝试，早在2006年，万科就第一次实施了小规模的3年期限性股票计划，开放对象被限制在员工总人数的8%以内；5年之后，万科又推出了股票期权计划，3.88%的员工参与其中。宝钢也在2006年开始尝试限制性股票计划，只是该计划因为种种原因而中途流产，到2014年才得以成功实施，该计划仅纳入136名员工，占公司员工总数的0.75%。

严格来讲，事业合伙人计划与关键岗位员工资产管理计划正是对之前的激励计划的改进，新的激励方案绕开了政策对于激励对象的范围限制，将激励对象范围扩大到了包括董事会成员、监事、高管在内的全部管理层及一定级别以上的普通员工。

非公开发行中融入的员工持股计划，借道合伙企业或资产管理计划

★ 典型代表：天士力集团

2014年6月，以大健康产业为主线的天士力集团推出了行业版的合伙人计划，即非公开发行的员工持股计划，发行对象是12名集团管理层员工，其以有限合伙人身份认购发行股份。2015年3月，该计划通过了证监会审核，规定发行量不能超过4 763.32万股。

在天士力提出该计划之前，行业内已有康缘药业、海南海药等多家企业进行过类似的操作，与他们相比，天士力的合伙人计划实质上是一个披着合伙人外衣的资产管理计划，其员工激励效果也远远逊于万科、绿地等企业的合伙人方案。

内部创业式的合伙人计划：股东与创业型员工的双赢机制

★ 典型代表：互联网科技型企业、连锁型企业

内部创业式的合伙人计划，指的是企业鼓励员工利用企业资源自主创业，除了自身的资源之外，企业还为员工提供一定的金融支持，以入股的方式为员工提供创业资金，这种最容易实现企业与员工双赢的合伙人机制，

被广泛应用于互联网高科技企业和不断横向扩张的连锁性企业，如图1-5所示。

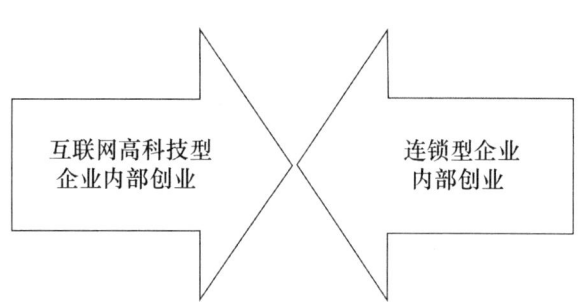

图1-5 内部创业的两种典型代表

（1）互联网高科技型企业内部创业

这类企业本身具有非常浓厚的创业氛围，在这类企业中，技术型员工是企业的创业驱动力，企业为员工提供创业平台和资金、资源、市场等方面支持，帮助其孵化创业项目，如果项目成功，企业就以约定的价格将其收购过来，既激励了员工积极创新，又避免了很多潜在的竞争对手，同时，员工也实现了自己的价值，可谓一举多得。

2013年，硅谷的科技公司开始流行"创业家—员工融合体"模式，不仅鼓励员工边工作边创业，还不惜动用公司内部资源支持员工创业，甚至给员工提供独立的项目平台，这一模式改变了人们对于创业的认知，促进了创新，还帮助企业吸引了更多高科技人才。只是这种模式下的创业项目仅局限于公司内部，员工开发的产品最终只能服务于企业。

如3M公司明确规定员工可以将15%的工作时间用于研究创业项目，孕育出了像Post-Its和Scotch tape这样的创新型产品；谷歌也有明确的政策鼓励员工内部创业，并为最顶级的技术人员设置了 Google X 研究实验室。2014年5月，该实验室推出的 Flux 项目获得了 800 万美元 A 轮融资。

（2）连锁型企业内部创业

以开设更多门店的方式来实现企业扩张的连锁型企业，常常面临人才缺乏的窘境，尤其在企业快速成长时期，新门店扩张的速度很快，但是公司没有足够的人才支撑，严重阻碍了企业的发展，所以该类型企业也开始尝试用"分级合伙人"理念来实现员工激励。该理念主要包括"展店合伙人计划"和"合伙人晋级计划"两部分。

★**展店合伙人计划**：即企业通过提供一定的股权和分红，来鼓励有能力的老员工参与新门店建设；如果有员工想要自己开新门店，企业同样为其提供多项帮扶措施，帮助其开店；对于新开的门店，企业拥有绝对的控股比例，创业员工拥有小部分股份，双方合伙经营。

★**合伙人晋级计划**：针对现有合伙人而设计，如果现有合伙人的经营成绩出色，达到一定的要求，就可以向企业申请晋级，将手中持有的部分股权额度晋级为区域公司甚至公司总部的股权，等到企业上市，合伙人就可以转入"总部合伙人计划"，成功晋级为总部合伙人。

黄金时期已去，房企如何"嫁接"合伙人制度？

2014年11月，肖莉辞去万科高级副总裁一职，加盟互联网房地产整合服务

平台"房多多",担任合伙人。同年12月,刘肖接替毛大庆担任万科北京公司总经理。万科创业元老的集体谢幕不禁让人发出感叹:难道互联网行业真的比房地产合伙人制度更具吸引力?

互联网行业的合伙人制度跟房地产合伙人制度还是有诸多不同的。从实施时间上来说,互联网行业的合伙人制度历史要久远得多,从企业成立开始,合伙人制度就一直伴随着公司发展,员工既是创业元老又是股份持有者,能够享有众多的福利待遇。而房地产在最初兴起之际采用的是股份制,随着企业发展逐渐演变成合伙人制,这就决定了房地产的合伙人制带有鲜明的职业经理人特色。因此,相较于互联网行业,房地产的合伙人拥有的自主权和选择权更小。

如果说互联网行业是朝阳产业,那么房地产行业则是夕阳产业,正在走下坡路。房地产合伙人在未来一定时间内能够自主买卖股权的空间小,在这一背景下,房地产合伙人还能够积极发挥自己的价值吗?那些实施合伙人制度的房地产企业又会做出怎样的变革呢?

➡ 留住人才决胜楼市下半场,房企掀"合伙人风暴"

职业经理人制度在很长的一段时间内受到各大企业的欢迎,就连一些家族企业在培养接班人时也会考虑职业经理人,但职业经理人制度目前正处于转型的十字路口。2014年,万科推出合伙人和项目跟投计划,2015年,碧桂园推出自己的项目跟投激励机制,随后,绿地、龙湖等房地产企业也纷纷提出项目跟投机制。

SOHO中国董事长潘石屹在2014年接受《21世纪》采访时曾说:"传

统企业如果不改变都会成为夕阳产业。判断一个行业是不是夕阳产业，就看这个行业有没有效率。"目前房地产行业存在的最大问题就是"没有使人们创造财富的能力大幅度提高"，而合伙人制度则恰好能使房地产行业走出困境。

互联网行业的优势就是能够最大限度地发挥人才的潜能。例如，小米的三层架构就体现了"高内聚，低耦合"的思想，能够充分发挥每个合伙人的价值。

地产行业调整加速人员流动

万科在成立之初就实行职业经理人制度，重视员工的能力和业绩，将所有权和经营权分离，实现高效率管理。但在2014年，万科在总裁郁亮的带领下向合伙人制度推进，这充分证明万科也在不断地转变经营思路。

"在房地产业发展的黄金时期，管理上的粗放也不影响企业盈利的增加，但进入白银时代的房地产业只有进行变革，才能适应社会变化的节奏。企业要实现盈利，只能转变经营模式，与互联网思维相融合，推进'价格标准化，产品标准化，合同标准化，付款方式标准化'。"潘石屹如是说。而要推进这四个"标准化"，离不开人才的培养，而要留住人才、吸引人才，实施企业合伙人制度无疑是最好的选择。

虽然国内大型的房地产企业不计其数，但是大多数管理制度仍存在诸多问题，高层管理者的待遇不高、利益分配不公，导致优秀人才纷纷辞职，另谋高就。2011年1月，万科执行副总裁徐洪舸辞职；同月，副总裁肖楠辞职；同年，执行副总裁刘爱民、袁伯银纷纷辞职。为留住人才，以万科为首的大型房地产企

业曾纷纷出台股权激励计划，但这种激励也是紧箍咒，万科曾在2006年启动为期3年的限制性股票激励计划，但以失败告终。

高管辞职对其个人来说，在公司担任要职积累了丰富的经验，在下海经商、自主创业时可以放手一搏，但是对企业来说，出走的高管通常都是有能力的人才，这意味着人才的流失，会严重影响公司的长远发展。

从企业高管的纷纷出走也能够看出职业经理人的弊端，虽然职业经理人掌握着丰富的企业管理知识和实践经验，但是职业经理人的身份决定了他们依旧是一个打工者，无法获得自主权和期权，一旦企业经营不善，他们可能随时跳槽。因此，职业经理人制度对企业来说也是一把双刃剑。

而合伙人制度恰好可以弥补职业经理人制度的缺陷，使员工与企业共同承担风险，也有利于人才的聚集。

➡ 中基层员工受益有限

随着职业经理人制度日渐显示出其缺陷，众多的房地产企业纷纷向合伙人制度推进，但由于大多数房地产企业实行的是股份制，造成房地产企业的合伙人制度与真正意义上的合伙人制度相差甚远，在实际的推进过程中遇到了层层阻碍。

同样是合伙人制度，互联网行业的合伙人制度与房地产行业不同。阿里巴巴可以说是互联网行业实施合伙人制度的代表，其董事会产生的途径决定了它的合伙人的地位高于董事会，比董事会更具有话语权。而万科实施的是类合伙人制度，员工持股，可以获得一定的自主权和期权，通过增加合伙人的持股数提高在董事会的话语权，以此与股东的权力相抗衡。

万科的类合伙人制度对公司高管来说，可以通过控股提高其在董事会的话语权，保持自己的决定权。而对公司的中基层员工来说，则受益有限，虽然其可以通过购买公司股票成为合伙人，但在董事会上的话语权有限，并且由于职位的限制，可能根本左右不了股票的买卖，其在公司得到的自主权和期权与实际投资所得没有较大差别。此外，公司的股价也有可能下跌，所以实施类合伙人制度依然无法保障中基层员工的利益。

中基层员工想通过持股获利的唯一途径就是公司高速发展，股票上涨，但房地产业的黄金时代已经过去，各界人士也认为房地产业开始走下坡路。此时，公司推行的类合伙人制度可能无法达到预期的效果，还可能因为员工承受的风险过大而令其反感。

除了推行类合伙人制度，万科还实施项目跟投计划，但是有最高不能超过5%的股权限制，员工只能以小股东的身份进入董事会，只能是利润的分享者，依旧没有话语权，没有自主操作的权力。此外，地域的差异也影响了员工的收益，北上广的项目优势多，员工投得也多，而三四线城市的项目相对劣势，员工不愿投，并且没有转让机制，要想获利，只能等项目结束。

不过项目跟投与类合伙人制度也有其优势。它们在利润获取方面，速度更快，时间更短；在激励员工积极性方面，效果更为显著，员工的收益与项目直接挂钩，可促使员工全身心地投入到工作中，以期获得更大的分红；在团队关系方面，更有利于激发凝聚力，促使员工不仅努力工作，还关注企业的项目进程，确保项目的质量、控制开发节奏，与客户保持密切联系，带动企业协调发展。

无论是合伙人制度，还是项目跟投计划，房地产企业的最终目的都是吸引人才，留住人才，但是决策权还是掌握在大股东手中，至于对企业的发展会有何影响，目前还不能下定论。

➡ 都是"合伙人",巨头们各有何特色?

(1)万科地产:类合伙人制度和项目跟投计划并举

万科集团成立盈安合伙公司是合伙人制度的进一步深化。

2014年4月14日,盈安合伙公司由上海万丰出资1 000万元成立。

2014年4月23日,万科1 320位员工成为公司的合伙人,4个交易日内斥资12.45亿元增持万科股票。

截止2014年9月23日,盈安合伙公司通过深圳证券交易所购入万科公司A股股票359 036 339股,占公司总股本的3.26%,是继5月28日首次"出手"后,第9次增持万科A股股票,共耗资31.31亿元。

与合伙人制度同时并举的项目跟投计划,是指公司所有的项目在原则上要求负责该项目的管理人员跟股东一起投资,普通员工可按照自主自愿的原则跟投。

但是在实施项目跟投计划的同时,万科集团对员工所投资金也有明确限制——总额不能超过该项目资金峰值的5%。负责该项目的一线人员可以在支付市场基准贷款利率后,有选择性地转让份额。

(2)绿地集团:员工持股历史悠久,管理层成最大股东

绿地集团推行的员工持股计划,其本质上也是一种合伙人制度,但是这种合伙人制度能够发挥员工的主人翁精神,调动其工作积极性。1997年,绿地集

团改为股份制公司，职工持股会成为公司占 18.88% 的股东，但在 2014 年绿地集团 A 股上市之前，职工持股会并不掌握公司的决策权。

为了突破发展瓶颈，为公司创造新的上升空间，2014 年职工持股会转为上海格林兰合伙人公司，由此也开始真正掌握公司的决策权。

根据规定，上市公司的员工持股不能超过 200 名，否则不能上市。于是，绿地集团总裁张玉良决定先由公司的 43 名高管出资 10 万元成立格林兰投资管理公司，再将 982 名持股员工"装"进 32 家合伙企业，最后格林兰投资管理公司再与这 23 家合伙公司出资成立上海格林兰公司，通过这种方式管控职工持股会。

2014 年 3 月 17 日，绿地集团为格林兰投资管理公司注资 655 亿元，其 43 名高管将代持 28.83% 的绿地股份，成为最大的股东。职工持股会转为上海格林兰合伙公司后，将成为绿地集团的决策者，而张玉良和他的管理团队的角色也将发生变化，成为绿地集团的战略决策者和执行者。

（3）碧桂园集团：家族控股与各管理层按 5% 比例入股并行

虽然是传统的家族企业，碧桂园却能够运用互联网思维，积极引进事业合伙人制度。目前，合伙人制度先在部分项目进行试点，再在整个企业内推行。在推行合伙人制度的同时，碧桂园还实施职业经理人制度，给予职业经理人 15% 的参与权，并且还在总部设立基金，推行项目跟投计划，职业经理人、管理层员工可向项目投入 5% 的资金。

碧桂园引入的合伙人制度对公司的发展起到了明显的促进作用。在 2014 年

合伙人制度推行之后,至今碧桂园已有 3 个项目开盘,7 个项目在准备之中。就开盘的 3 个项目来看,合伙人制度使公司的全体员工都参与到项目之中,极大地发挥了员工的主人翁精神,激发了其工作热情,从而在低成本的投入下获得了高产出。

Part 2

合伙人制度的内核：
把员工当合伙人，构建企业与人才的"利益共同体"

组织管理进化论:"给别人打工"PK"给自己打工"

员工与合伙人是两种身份,对于企业的感情也不同——员工完成自己的工作,获得工作报酬,与企业之间只是单纯的雇佣关系;而合伙人享受企业的效益分红,也承担企业的经营风险,与企业之间是从属关系。将员工变为合伙人,就是将员工的工作心态由"给别人打工"转变为"给自己打工"。

阿里巴巴通过员工持股计划将员工转变为企业的合伙人,每个员工都是阿里巴巴的股东,所以在阿里巴巴上市之后,员工获得的利益也水涨船高,很多员工因此升级为百万富翁,甚至千万富翁。如果员工没有持有股份,那么就无法从阿里巴巴市价的上涨中得到收益。

随着商业环境的变化和管理条件的升级,类似阿里巴巴员工持股计划的员工激励方式在越来越多的企业中流行起来,除了以阿里巴巴为代表的互联网企业之外,很多传统行业的公司也开始不断尝试各种类型的合伙人机制,将员工升级为企业的合伙人,以共同促进企业发展,而传统的"胡萝卜加大棒"的管理模式逐渐遭到淘汰。

➡ "胡萝卜加大棒"渐失效

"胡萝卜加大棒"是一种传统的员工激励与管理政策,"胡萝卜"代表奖励,"大棒"指代惩罚,"胡萝卜加大棒"即为同时运用奖励和惩罚两种手段的管理方式。长期以来,这种模式盛行于各种企业,对表现好的员工给予奖励,激励员工继续努力;对表现不好的员工给予惩罚,警戒员工吸取教训,避免再次犯错。

不可否认,"胡萝卜加大棒"的管理策略确实曾十分有效,然而,随着经济的发展、教育的普及以及就业的多样化,原本行之有效的"胡萝卜加大棒"管理策略收到的效果逐渐减弱,员工的忠诚度、敬业程度以及企业的凝聚力越来越低。对于民营企业而言,类似的问题尤为严重,员工对企业缺乏责任心,只追求自己的收益,流失率高。其实这些问题都来自于员工的"打工心态"。

员工之所以抱着"打工心态"工作,更深层次的原因在于企业的管理机制,如果企业仅仅把员工当作雇员,那么怎能指望员工为企业利益考虑?这种现象非常普遍,在欧美发达国家,很多企业为了改变员工的"打工心态"采取了各种措施,甚至全面改革了企业的管理制度,其中效果最好的就是合伙人制度——通过给予员工一定的公司股权、期权等额外收益,将公司发展与员工收益联系在一起,使员工由普通的雇员转变为公司的合伙人。

零售连锁巨头企业沃尔玛深谙此道，沃尔玛的员工只要工作满一年，并且每周工作时间满20小时，就可以得到年薪5%左右的红利，等到员工退休或者离职，公司一次性支付所有的红利，这些红利以公司股票的形式支付。如果员工工作努力，促使公司获得好的业绩，那么股价就会上涨，员工拿到的红利就多，员工为了拿到更多红利，就会更加努力工作，这样就形成了一个良性循环，久而久之，员工的稳定性与忠诚度也会随之提高。

除了沃尔玛这种激励方式之外，现在常用的绩效考核、360度考评、目标管理等管理工具也是以激励员工为目标，通过各种各样的考核、测评来激发员工的工作积极性与责任心，促使员工将自己的工作做到最好。而所有这些方法中，最有效的方法无疑是让员工成为公司的主人，让员工为自己工作而不是为他人打工。

早在20世纪50年代，日本的"经营之圣"稻盛和夫就将员工激励政策巧妙地融入企业经营中，创立了一种独特的"阿米巴"经营方式——将所有的员工按照工作内容分成数个独立的工作小组，通过将员工收入与小组经营业绩挂钩的方法，将员工收入与公司收入联系起来，借此使员工摆脱打工心态，激发员工的主动性和责任心，提高员工对企业的忠诚度，激励员工努力工作，为公司创造更好的业绩，从而获得更多的个人收益，如图2-1所示。

Part 2

合伙人制度的内核：把员工当合伙人，构建企业与人才的"利益共同体"

图 2-1 "阿米巴"经营方式示意图①

到了 20 世纪末，张瑞敏将"阿米巴"模式引入海尔，并赋予其一个新的名字——"内部模拟市场"。之后，又有更多的企业意识到了这一问题，并积极探索更有效的员工激励策略。

变"员工"为"合伙人"

有一家餐饮行业的龙头企业曾经在 2013 年的行业危机中遭遇重创，旗下的五星级酒店、大型会议中心、专业餐饮酒店甚至房地产项目都受到了较为严重的影响，企业效益锐减。为了度过这一危机，坚定员工对企业的信心，这家企业采取了一系列改革策略，其中最重要也最有效的当属"股权改革"方案的提出与实施，它将民营企业改革成为股份制企业，该方案具体包括以下 6 项内容，如图 2-2 所示。

---

① 图片来源：新浪财经

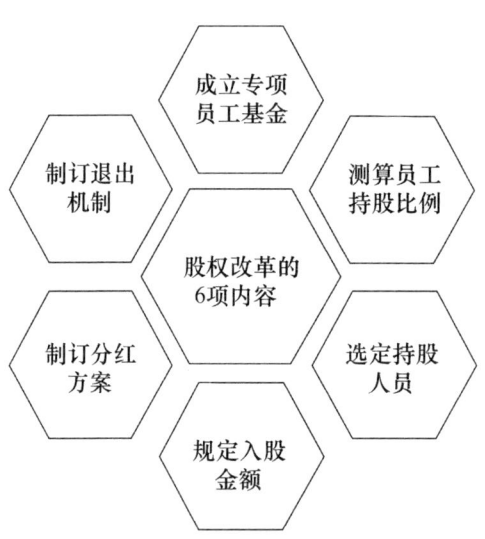

图 2-2 股权改革的 6 项内容

★成立专项员工基金

由于改革过程包括繁琐复杂的流程和程序，所以首先需要在公司内部设立一支专项基金，专门用于股权改革工作。为了保证资金使用的公允，这支基金应该交由管理者和员工共同管理。也就是说，公司还需要成立专门的基金委员会，这个委员会成员需要由公司员工选举而出，包括管理者和普通员工，基金由员工认购的股份构成。

★测算员工持股比例

公司需要制订一套标准的员工持股制度，在每个门店的资金成本基础上，公司高层通过反复的调研以及对各种数据的计算分析，最终将员工持股比例定于 40%，即将门店成本的 40% 开放给员工认购。

★选定持股人员

员工持股是公司赋予员工的一种权利，也是公司对员工工作的肯定和回报，但公司的股份有限，无法分配给所有的员工，所以只有对公司做出了一定贡献的员工才有资格认购公司股份。公司需要制订持股人员的选定标准，并按照这个标准选定具体的持股员工。

经过缜密的分析和对多方因素的综合考量，管理层最终决定了持股员工包括核心管理团队人员、核心高管和优秀员工。公司和门店的核心管理团队成员以及公司高管对公司的影响很大，他们的经营管理能力和工作积极性与公司的整体效益以及每个门店的效益息息相关，所以这些人员必须入股；而优秀员工对公司和团队的影响相对要小一些，可以结合自己的情况自主选择是否入股。

★规定入股金额

选定了持股人员之后，公司还需要规定具体的入股金额，即员工需要缴纳多少资金来持有公司股份，比如经理以及经理级别以上的管理人员需要缴纳10～20万元，普通员工的入股金额定于5～10万元之间，员工根据自己的经济情况可以在规定区间内自行选择具体的入股金额。如果一次性出资压力太大，员工还可以选择先缴纳70%的股金，剩余部分再以一定的比例从薪水中扣除。

有些企业的员工持股方案没有规定入股金额，员工不需要出资即可直接享有一定比例的股份，但是这种方式最后被证明效果欠佳，不如员工出资购买股份的激励效果好。

★制订分红方案

分红是员工参与持股计划的直接目的，公司需要谨慎地制订出完善的分红方案，既要保证员工获得足够的利益以确保激励效果，又要保留足够的资金促进企业规模的扩大和进一步发展。公司的分红通常是一年一次，年底分红，首

先按照这一年的利润率计算出当年的红利金额，再根据员工认购的股份多少来计算每一个人应得到的分红。

★ 制订退出机制

最后，公司需要制订明确的退出机制。在正常情况下，员工只要持股就必须持满3年，3年期满后自动退出，公司根据经营情况退还本金和最后一次分红。如果3年内持股员工因为被辞退、退休或者辞职等原因离开公司，那么公司退还员工缴纳的本金，不发放红利；如果持股员工因为身体原因无法在本岗位继续工作，那么公司不但退还本金，还根据具体情况给予分红或者利息。

该股权方案实施以后受到了员工的热烈欢迎，员工积极参与股权分配，并且工作积极性得到了大幅度提高，公司成了所有员工的共同产业，每个员工都愿意认真工作，发挥主观能动性主动解决各种问题，以提高公司利润，获得更多红利，员工与员工之间的协作也变得更加和谐。仅仅用了不到一年的时间，该餐饮公司就在整体行业不景气的大环境下取得了收益的明显提高，充分证明了股权改革方案的有效。

本质上，股权改革与传统的"胡萝卜加大棒"政策都是员工激励政策，都是通过给予一定的好处激励员工努力工作，激发员工的责任感、工作积极性、主动性，而两者之所以效果不同，关键在于对员工身份的定位不同。

股权改革是一种长效激励政策，将员工视为企业的合伙人，使之成为企业的利益共同体，一荣俱荣，一损俱损；而"胡萝卜加大棒"只是一种即时激励政策，只是将员工定位于单纯的雇员，员工怀着"给老板打工"的心态去工作，激励效果自然有限。

Part 2 合伙人制度的内核：把员工当合伙人，构建企业与人才的"利益共同体"

同仁法则：企业人性化管理与激励的核心本质（上）

现代企业的成功发展与企业的人性化管理有着十分重要的关系，而人性化管理在管理定律中体现为"同仁法则"。**所谓"同仁法则"，就是将员工当作合伙人。** 对一家企业来说，员工之间的关系越融洽，工作效率就越高，效益就越好。但是人是复杂的动物，想要保持融洽的同事关系也不是简单的事。

同仁法则最早出现于美国。美国一家家庭用品公司将员工称为"同仁"，公司的非基层职位逾90%是由公司员工任职。同时该公司将员工视为同仁的努力也体现在股票购置计划上：公司员工可以在任意时间以低于公司股价15%的价格购置股票。这使得公司的人才流失量比行业平均水平还低20%。不得不说，将员工看作同仁，使其有共同的使命感，企业才能无往不利，获得更广阔的发展前景。

【案例】在荷兰雪茄馆的遭遇

顾客在购买过程中往往希望得到与他人同等的待遇，很多时候销售人员或者导购的差别待遇就导致了销售的失败。可以说，对顾客是否一视同仁是决定销售成功与否的重要因素。

李先生和朋友Steven来到美丽的荷兰旅游，在欣赏了美丽的郁金香、风车以及名胜之后，作为雪茄收藏爱好者，两人来到阿姆斯特丹最大的雪茄馆购买雪茄。

李先生："听说这是阿姆斯特丹最负盛名的高级雪茄馆，果然名不虚传。定制雪茄皮具、雪茄剪应有尽有，真是令人大开眼界！"

Steven："这只是冰山一角，更令人激动的雪茄在里面呢！我们快进去挑选吧！"

李先生："我们进来这么久了都没人帮忙介绍，这让我们怎么选？"

Steven："看咱们的打扮就知道了，导购身边都是西装革履的男士，而咱俩穿的是运动服。"

李先生："买东西还要以貌取人？这种态度实在令人扫兴！"

Steven："我们还是再等等吧，要是实在没人搭理咱们就走！"

这时一位女士跑过来满含歉意地说："真是抱歉，让两位久等了，我是店长，今天店里太忙，怠慢了两位，实在不好意思！两位这边请，喝杯店里的招牌咖啡消消气。"

本来满腔怒火的李先生也为店长的一流服务所折服："那好吧，谢谢。"

李先生心想：怪不得她能成为店长，成功一般都源于一个机会，只是很多人没有看到这个机会罢了。

店长："你们应该是第一次到荷兰来吧？看过风车、郁金香花海了吗？去过梵高美术馆、音乐剧场了吗？如果不介意，我可以充当两位的导游哦！"

几句话下来，李先生还没买雪茄就知道自己旅行的下一站是哪里了。两人都很高兴！

店长："请问，两位是要我帮忙介绍还是自己挑选？"

"按这个数量拿就可以了。"李先生在来之前就将所需雪茄的种类和数量写好了。

店长："好的，请您稍等片刻。"

店长拿出的雪茄是以支为单位的，这令李先生感到奇怪："不好意思，您拿错了，我们要的雪茄数量是以盒为单位的。"

店长："先生，真的吗？"

店长得到了李先生肯定的回答。

这位店长最终成交了40万元的雪茄。她的成功就在于对顾客一视同仁,没有以服饰、国籍对顾客进行差别对待。事实上,当李先生和Steven进入雪茄馆的时候,店内的每一位销售人员都有机会接触他们,谈成这个大单,但是成功的机会只留给那些对顾客一视同仁的销售者。

同仁法则VS股权激励

股权激励是同仁法则的一个重要体现。**所谓股权激励,就是为了激励员工和经营者为企业长期发展而努力并实现经营目标所给予员工的股权方面的利益让渡。**

对员工进行股权激励,使其成为合伙人,对提高企业运作效率、改善企业管理结构、增强市场竞争力以及企业凝聚力、创造力来说,具有非常重要的作用。国内外企业的实践也提供了许多案例。具体来说,股权激励的作用主要表现在以下4个方面,如图2-3所示。

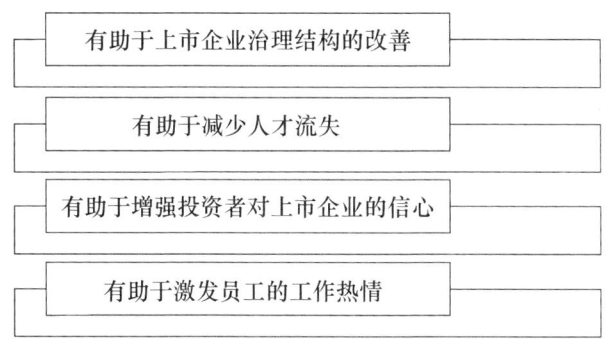

图2-3 股权激励的4个主要作用

★股权激励有助于上市企业治理结构的改善,从而提高经营业绩,使企业

获得持续健康的发展；

★股权激励有助于减少人才流失，实施人才战略；

★股权激励有助于增强投资者对上市企业的信心，促进整个证券市场的稳定；

★股权激励有助于激发员工的工作热情，提高其工作效率，从而大幅度提升公司业绩。

但是正如一个硬币有正反两面，股权激励对企业员工激励效应也会有某些负面影响。由于中国的资本市场还不够规范，企业的经营业绩也无法由市场价值真正地反映出来，所以潜在的巨大利益就会诱发道德危机，比如片面追求股价上涨，出现操纵股票期权的恶行，如安然通过财务造假高抬股价以获取潜在利益的事件即给予我们很多启示。

同仁法则VS企业制度

我们要想了解同仁法则在企业制度中的应用，首先要对企业和员工的关系进行分析：**企业与员工是相互平等的个体，相互之间可以进行选择。企业可以选择员工，这包括投资人和就业者，企业可以招聘或辞退就业者，也可以选择或放弃投资人；当然员工也可以选择企业，这也包括作为投资人选择企业和作为就业者选择企业。**

企业与员工的双向选择是动态的，具有流动性。但是企业需要稳步发展，这就要求员工对企业或企业对员工的选择需要具有相互稳定性。例如，员工在与企业进行双向选择并得到培养之后，由于其他条件的吸引而产生流动，这对企业来说会是巨大的损失。所以，企业与员工应保持一种和谐合作的良好稳定关系。

怎样才能在企业制度中使员工与企业实现这样的良好稳定关系呢？就当前实际来看，相互关系的稳定主要涉及3个方面的问题：员工为何不愿意离开企业；企业如何留住优秀员工；企业与员工相互关系的最佳实现途径，如图 2-4 所示。下面我们就以上 3 个问题分别进行深入分析。

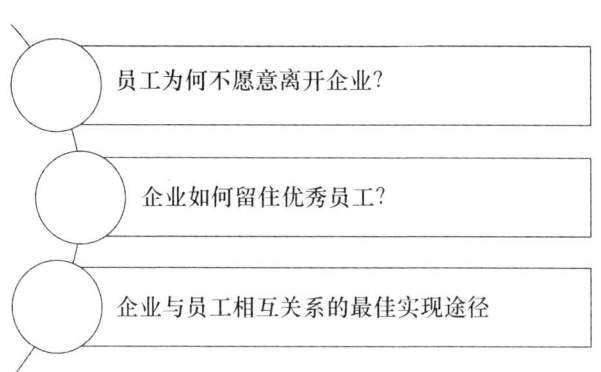

图 2-4　员工与企业实现良好稳定关系涉及的 3 个问题

（1）员工为何不愿意离开企业？

要使得企业与员工的关系保持稳定，首先要保证员工离不开企业，也就是员工不愿意离开企业。这主要取决于以下 5 个指标，如图 2-5 所示。

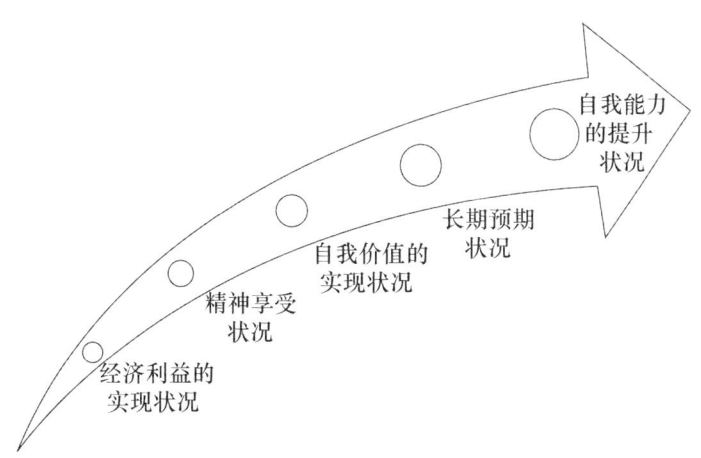

图 2-5　决定员工对企业忠诚度的 5 个关键指标

★员工在企业中的经济利益的实现状况。如果员工能够获得相对较高的经济收益，福利待遇能够实现稳步提高，员工是不愿意离开企业的。

★员工在企业中的精神享受状况。如果员工能够获得较好的精神享受，企业工作氛围融洽，在工作中愉快轻松，员工就不愿意离开企业；反之，即使收入高，员工也会产生离开企业的念头。

★员工在企业中的自我价值的实现状况。如果员工在企业中可以充分实现自我价值，获得青睐，员工也会舍不得离开企业的。

★员工对企业及自己的长期预期状况。如果一个人能够预期到自己所在企业能够长期高效地发展下去，能看到企业的未来，同时也能看到自己在这个企业中的未来，他就不愿意离开企业；反之，若员工每天糊里糊涂地工作，看不到未来，其必然会离开企业的。

★员工在企业中的自我能力的提升状况。激烈的竞争使求职者意识到提高自我能力是立足社会的根本。近年来，众多对求职者意愿的调查表明，企业的事业平台、培训机会已成为吸引人才的重要因素。如果一家企业可以使员工在工作过程中不断得到培训，使其自身能力得以提升，员工是不会离开企业的；反之，员工无法在企业中学到任何知识、技能，最终离开企业也不足为奇。

以上5项指标决定了员工是否愿意留在企业，与企业同呼吸、共命运。当然，企业也离不开员工，这就是下面要讲的企业如何留住优秀员工，这些优秀员工是构成企业的人力资本，对于企业的发展起着至关重要的作用。

(2) 企业如何留住优秀员工？

在当前的时代状况下，将人力看作资源还是资本，是企业能否获得长足发展的重要指标。与人力资源代表企业中的所有人不同，人力资本的范围更小，是指那些极具企业核心竞争力的稀缺性人力资源。

人力资本意味着企业的顶尖人才，作为一种资本，它对于企业保值增值所起到的作用是不言而喻的。比尔·盖茨曾说过，没有这些顶尖人才，微软也就完了。因此，人力资本的存在与否会对企业的存在状态产生巨大影响。为此，企业需要培养优秀员工，并使其愿意留在企业中努力工作。

在激烈的市场竞争中，人才是企业发展的关键。那么企业如何才能留住那些优秀员工呢？我们主要从两个方面来分析，如图2-6所示。

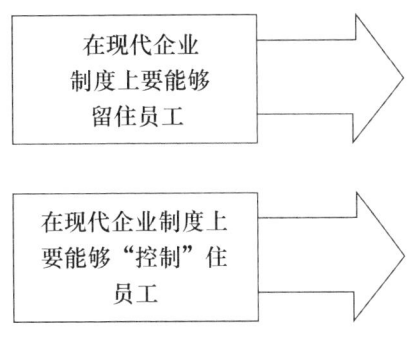

图2-6 企业留住优秀员工的两大关键

★在现代企业制度上要能够留住员工

企业制度完善，员工的各种要求可以得到满足，相信员工就不会有离开企业的想法。为此企业制度设计要非常全面：建立相应的人力资本激励机制，使员工的"激励相容约束"条件得到相应的满足。比如许多现代企业用到的绩效考核、合理的管理机制等，都在很大程度上帮助企业留住了稀缺人才。

★在现代企业制度上要能够"控制"住员工

所谓"控制"，就是指企业要对员工的去留做出较强的约束。如果企业花大气力培养出来的优秀员工无故离职,对其损失是很大的。这就需要企业建立成套的人力资本"参与约束"机制,使人员去留有制度可依。

和我们平时对他人许下承诺一样,这种"参与约束"机制首要的就是人对企业的自愿性承诺,也就是契约约束。契约需明确员工为企业效力的时间、报酬,同时这种约束也明确设置了人离开企业的成本与收益关系,若违约或离开企业,就需要付出相当大的"退出成本"。这样员工就会在对收益与成本进行精确权衡之后,仔细斟酌是否要离开企业。

总而言之,企业要想留住稀缺的人力资源,就需要在企业制度上下功夫:既要给予员工发展的平台机会,保障人力资源的有效利用;又要学会"控制"员工,使人力资本"参与约束"机制发挥到极致。只有双管齐下,才能够保证对企业发展具有重大意义的员工离不开企业。

(3) 企业与员工相互关系的最佳实现途径

我们前面讲到员工何以离不开企业,企业如何留住优秀员工,这正是企业与员工相互关系的体现。在现代企业制度中,只有员工与企业做到高效统一,才能够保持稳定的关系。现代企业制度具有3个鲜明特点,如图2-7所示,这也正是实现员工与企业稳定关系的最佳途径。

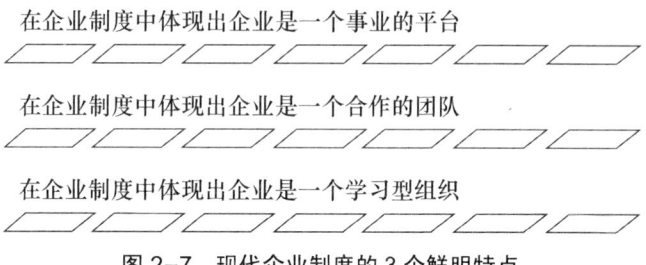

图2-7　现代企业制度的3个鲜明特点

★ 在企业制度中体现出企业应是一个事业的平台

一家企业首先给予员工的是一个可以发展的平台，在这里，员工的自我价值可以得到最大化的实现。自我价值的充分实现不仅意味着员工自身能力的充分发挥，也包括其经济收益的最大化、精神享受的最大化等方面。

将企业打造成事业平台是现代企业制度设置的重中之重。通用电气公司（General Electric Company）的前 CEO 杰克·韦尔奇曾说过："无论处于企业的哪个等级、何种职位和任何角落，找到合适的人去解决最重要的业务问题才是确保企业成功的关键。"这句话就表明，要让员工在企业中找到合适的位置，使所有人都可以在企业平台上展现自己的才华。只有这样，企业才能获得长足发展，员工也才能实现自己的人生价值。

★ 在企业制度中体现出企业是一个合作的团队

俗话说："独木不成林。"作为企业更应该强调团结协作，企业中的人都应保持一种融洽合作的关系。

企业员工需要服从企业的管理制度，也要承担带有强制性的经营目标所带来的压力和责任，似乎人与企业无法达成一种和谐对称的状态。但是我们也应该看到，企业与人的非对称关系是一种契约关系，这是员工在进入企业签订合同时所同意的。人与人的关系正是建立在共同认可的基础之上的，这就能保证企业与员工间可以形成融洽的合作关系。

在企业制度设置中，要将企业打造成优秀的合作团队，其中最重要的就是要建立契约制度，以此更好地保证企业与员工之间融洽的合作关系，这样更有利于企业与员工间稳定关系的实现，从而推动企业的稳步发展。

★ 在企业制度中体现出企业是一个学习型组织

"学习型组织"这一概念是伴随着知识经济的崛起而产生的。企业是一

个学习型组织，是指企业员工在为企业做贡献的同时，又能够善于学习，不断提升自身能力。作为员工可以持续发挥自我价值的关键——学习型组织，受到了现代企业的格外重视，从而设置了相应的培训制度，这也是企业制度的重要内容。

企业通过培训可以使员工提升自身能力，提高其工作效率，改善工作质量，并最终提高企业竞争力，实现企业的战略发展。但是在培训之前，也要考虑到员工可以为企业带来的回报，为此企业应设置具有激励性的体制，在企业制度中体现为责权利相对称的制度。这样员工才能用心学习，提高专业技能，从而使其在得到专业培训的同时，企业也能得到更好的发展。

现代企业制度的设置，能帮助企业搭建事业平台、打造合作团队、形成学习型组织，不仅可以实现企业与员工间和谐稳定的合作关系，对员工自身的发展、创造力的提升以及企业在激烈竞争中得以占据领先地位也颇具正面影响。

同仁法则：企业人性化管理与激励的核心本质（下）

➡ 同仁法则VS企业管理

进入21世纪以后，以高端电子信息技术为主导的网络科技迅速崛起，世界经济也进入了全球化、一体化时代。我们处在一个人才辈出、瞬息万变的时代，更深刻地体会到"商场如战场"这句老话的深刻内涵。

我们需要思考：在竞争如此激烈的市场环境中，一家企业到底如何做才能发展壮大、永葆生机？一家企业的成败与很多因素有关，如对市场动向的把握、企业产品的创新力度、企业的人力资本状况，等等，但这些因素又与企业领导者的决策密不可分。归根结底，一家成功的企业离不开一个优秀的领导。企业之所以最终能在强手如林的市场中取得成功，最关键的是企业中有一个对市场有着敏锐把握并对员工进行人性化管理的决策者。

商场是没有硝烟的战场，公平而又残酷。瞬息万变的 21 世纪对成功的企业领导者提出了新的要求：崇高的品质和价值观、高度的战略性眼光以及准确的方向感，如图 2-8 所示。这是 21 世纪的优秀管理者必须具备的特质。

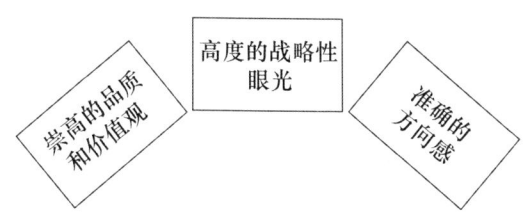

图 2-8　21 世纪管理者必须要具备的 3 大特质

高度的战略性眼光可以帮助领导者感知市场动态，准确的方向感能使决策者对市场进行精准定位，在充满变数的商场上抢占先机；而崇高的品质和价值观可以帮助领导者吸引优秀员工，进行人才储备，这三者缺一不可。

一位成功的企业家绝不只是发号施令，让员工按照自己的意愿做事，而是在对市场进行准确把握之后，发挥领导才能，将合适的人放在合适的位置上，使在各个领域比自己更优秀的专业人才为企业服务。

作为领导者,如何才能使自己的才能得以发挥,并让有一技之长的专业人才为企业服务呢?我们从以下几个方面进行分析。

➡ 发挥领导艺术才能,做到"一大人二小人"(如图2-9所示)

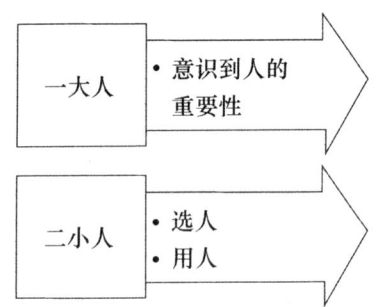

图2-9 企业管理中的"一大人二小人"

(1)"一大人"指要意识到人的重要性

人是推动人类社会文明不断前进发展的直接源动力。无论是生产力的发展还是科学技术的进步都离不开人的智慧,企业的成长更是与人才密不可分。企业家要发挥领导艺术才能必须首先承认人的重要性。

李维斯牛仔裤的CEO罗伯特·哈斯曾指出:"未来企业与现在企业形成差异,与他们所制造的产品或他们所使用的设备无关,关键在于工作的人、工作的原因、方式以及工作所产生的意义。"罗伯特的这句话足以说明人的重要性。

一家企业要想在激烈的市场竞争中占得先机,无非是从两个方面入手:提高产品质量和降低运营及产品成本,如图2-10所示。这两项重要内容都需要人的努力才能完成,人是决定一切的首要因素。企业只有在拥有足够的人才储备之后才可能谈及之后的发展。

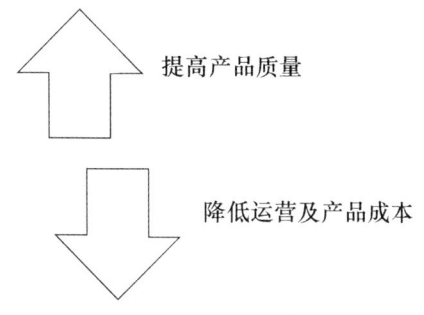

图2-10 企业在竞争中占得先机的两大法则

俗话说："众人拾柴火焰高。"企业要想获得成功，仅靠领导者一个人的努力是办不到的。也许你很优秀，但是作为单个的"一"，你的能力是有限的，所以想要单靠领导者个人在瞬息万变的商场上取得成功是不可能的。

全球冶金总裁亚当·西姆斯曾说："领导独裁是公司管理最忌讳的方式。一个人做了所有决定，对于企业的有效运作并非有所助益。"如果一个领导者满怀个人英雄主义情节，那么他的企业成功的几率几乎为零。一方面，如果没有优秀的员工帮扶，就算领导者拥有扭亏为盈、力挽狂澜的能耐也无法施展；另一方面，如果员工只是一味听从，不敢直谏，那么刚愎自用、专断的决策者最终会带领企业走向衰败。企业的"企"，无"人"则"止"，更是从字形上就表达出人的重要作用。

一位具有高度战略眼光的领导者必然会意识到人的重要性，同时他的崇高品质也会造就一个极具"人性化"的企业。国内外的众多实践案例都足以证明"人性化"管理的成功。

（2）"二小人"是针对领导者如何在众多的"人"中选取最合适的员工而言的，也就是如何选人和用人

选择优秀的人才将其任用到合适的位置是领导者决胜千里之外的关键。选人，就是要挑选优秀人才为企业服务。作为领导者，在进行人才选择时首先要

具有敏锐的洞察力。年龄、学历、专业、阅历等表象内容固然是能力高低的体现，但是领导者不能将其作为人才选择的唯一尺度。

所谓"人不可貌相，海水不可斗量"，决策者更应透过现象看本质，通过交流沟通以敏锐的洞察力来发掘人所具备的真才实学。

古诗有云：我劝天公重抖擞，不拘一格降人才。放在当今社会，则要改为"不拘一格选人才"了。这除了要求领导者具有敏锐的洞察力之外，还需要领导者有一位人力资源方面的得力干将帮助企业进行人才的筛选、培养。要想知道一个人力资源主管是否称职，看他能否为企业搜猎到有用人才就知道了。

"任人之长，不强其短；任人之工，不强其拙"，这句古语足以说明企业应如何用人。每个人都有其优势和劣势，只有扬长避短才能够真正发挥人的创造性，使之在合适的岗位做出骄人的成绩。但是做到知人善任并不是一件简单的事情，这就需要领导者具备敏锐的感应力。

怎样才能对一个人进行全面了解并做出客观评判呢？"一看二听三想"，如图 2-11 所示。

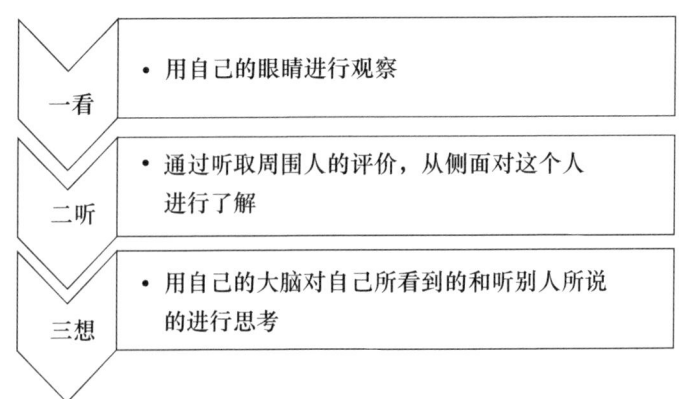

图 2-11 "一看二听三想"的内涵

★ "一看"就是用自己的眼睛进行观察。通过对这个人平时的为人处世、工作状态以及个人业绩的观察，对他进行大致的了解。

★ "二听"就是通过听取周围人的评价，从侧面对这个人进行了解。我们所看到的只能是某些方面，通过周围人的评价能够对其进行更全面的了解。

★ "三想"就是用自己的大脑对自己所看到的和听别人所说的进行思考。毕竟自己看到的不一定全面，听到的不一定正确，决策专断和偏听偏信都不可能得出公正的判断。

人性化的管理方式，实现员工的自我满足感

一个国家想要屹立于世界民族之林，靠的是经济的腾飞，而发达的经济又需要以企业的兴旺为基础，企业的发展则离不开人的辛勤劳动。优秀人才如何甘心为企业打工考验了企业领导者的能耐。美国总统杜鲁门就曾指出：领导者的能耐是让别人做不喜欢的事情，并且甘之如饴。

让有着各种专业技术的人才心甘情愿地去做他们本不愿意做的事情，为企业服务，说到底是一件很难的事情。首先领导者必须有这样的意识：将"以人为本"作为企业管理的宗旨。

当前社会竞争无处不在，"优胜劣汰"已经是企业最基本的生存原则。而决定企业发展的正是为其工作的员工们：**员工的工作效率提高、创新能力增强必然能够为企业发展带来巨大的正面影响。人才已经超越资本、技术等有形资产，成为企业发展的核心资产。**所以，视员工为同仁，实施人性化的管理方式已经势在必行。

人性化管理就是将"以人为本"作为企业管理的基本理念，尊重员工的人格、劳动以及个人利益，将实现员工的个人既得利益作为实现企业利润价值最大化的前提。只有充分尊重员工，才能够提高员工对领导的信任感，同时让员工感

到受重视,从而更加努力地工作。

每个人都渴望得到别人的认同,获得自我满足。就企业员工来说,其认同感大致来源于两个方面:**一是领导、客户等外人的认同;二是亲人、朋友等熟人的认同**。就我们的生活经验来说,这两方面的认同感又分别以工作成就和丰厚收入为衡量标准。成功的企业便是通过人性化管理帮助员工实现认同感的统一,并将员工的自我满足感释放到最大程度。下面我们就具体分析企业是如何成功做到这一点的,图2-12所示为企业让员工获得认同感的4个关键点。

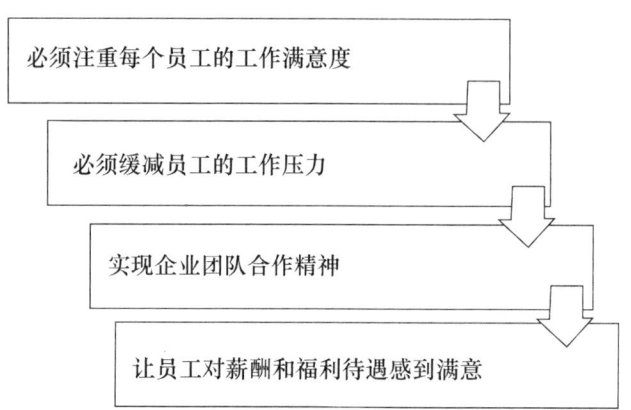

图2-12　让员工获得认同感的4个关键点

★**必须注重每个员工的工作满意度**

员工对于自己的工作是否满意直接关系到该部门的管理运作。如果员工的工作与其兴趣相符,他不仅能够获得成就感,得到别人的认同,同时也会将其创造能力最大限度地激发出来,从而提高工作效率,实现企业的创新发展。

从人性化管理的角度出发,要想使员工对其工作产生高满意度,领导者就必须做到对员工全面了解,知人善任,让每一位员工都能够各显神通。了解员工的工作满意度的具体方法有两个：一是派发调查表，让员工自行填写；二是人事主管在平时要对员工进行观察了解，从而更全面地了解员工对工作的不同想法。

★必须缓减员工的工作压力

有调查表明，企业中有60%～70%的员工认为，他们的工作压力主要来源于上级主管。主管与员工之间必然会存在不同意见，这就会导致冲突，冲突所带来的情绪上的不快毫无疑问会给员工带来很大的压力。

缓解员工的工作压力要求管理者与员工能保持良好的沟通，公开解决冲突以达成共识。这样员工与管理者就不再是对立关系，而是一种同仁互信关系，员工的积极性得以提升，工作目标也会完满达成。

良好的沟通需要领导者懂得如何运用语言艺术，以便真诚地肯定员工的业绩，同时也能中肯地指正其工作中的不足。将两者之间的沟通建立在彼此平等真诚的基础上，用语言艺术真切地表达出来，使每一位员工在取得成绩的时候得到赞扬却不洋洋自得，在发现错误的时候得到及时指正而不心存嫉恨，从而真正将人性化管理贯彻到底。

★实现企业团队合作精神

一家企业的发展壮大靠的不是独裁而是合作。一家具有强大凝聚力、向心力的企业，是将每一位员工都看作企业团队的一员，而不仅仅是一个决策执行者。只有实现企业利润的最大化，个人利益的最大化才有可能实现，集体利益高于一切应成为所有企业成员的共识。只有这样企业才有可能走得更远。强化员工的团队合作精神可以通过员工自组团队来实现。通过组团，员工可以分工合作，实现工作效率最优化，并提高团队意识。

★让员工对薪酬和福利待遇感到满意

最终检验员工满意度的是薪酬。员工的辛勤劳动和付出如果获得了对等的

薪资回报，不仅能够使其从根本上得到满足，更能够获得家人和朋友的认同，从而使其对企业产生深深的感恩之情，并更加努力工作。

对于如何满足员工的薪酬要求，我认为企业要制订一套人性化的工资及福利制度，根据员工的实际工作量给予薪酬，提高员工的工作积极性。除此之外，企业要为员工提供良好的培训机会和广阔的晋升空间，这已成为衡量企业福利待遇好坏的重要标准。

对于人性化管理，全球冶金总裁西姆斯的做法非常值得我们学习。西姆斯引进了利润分享计划，关于企业的预算、投资、薪酬等数据信息，所有员工都可以知晓。同时，西姆斯在每个季度都会与除管理层以外的基层员工开会，探讨公司的所有事务，听取他们对企业发展的不同意见。

西姆斯让员工直接参与企业管理，员工可以自己拟定投资预算，自己进行获利评估并决定到底怎么做。这不仅可以使员工获得成就感，也为员工提供了展现自己的平台。正是这样的团队使全球冶金平均每年仅在品质的成本上就省下了 400 万美元。

一家成功的企业需要极具战略眼光的领导者，同时也需要通过人性化的管理来调动员工的积极性和创造性，让员工在自主的工作环境中发挥能动性，借助不断增强的团队合作意识，最终实现企业的"超分工整合"。不难看出，人性化管理已成为企业管理最重要的环节。

零售业"店铺合伙人制度":从"双输"走向"双赢"

每家企业都需要老板与员工的共同努力才能运转,然而老板与员工之间的关系并不总是那么美妙,我们时常会听到,老板抱怨员工工作不努力还不停地要求升职加薪,员工则控诉老板不停地对其工作加码却不给予同等回报,由此出现了很多问题,严重阻碍了企业的发展。

这种雇佣双方的对立状态在零售行业尤为严重,一线的销售人员普遍工作消极,整天想着几点下班,哪天放假;而业绩好的员工则习惯了跳槽,以追寻更高的回报;每年选择辞职创业、自己当老板的员工也不在少数,企业每年都需要花费大量的资本招聘、培训新员工。如何留住人才,降低人才流失,成了这些企业最头疼的问题。

零售业员工的高流失率,很大程度上因为其收入太低,然而提高员工收入对老板的利益伤害很大,而且治标不治本,比如一家连锁超市有员工10 000人,给每个员工增加100元的月薪,一年就需要多支出1 200万元,对企业来说这显然是笔巨款,然而对于员工而言,每月100元实在算不了什么,激励效果有限。所以涨工资并不能从根本上解决问题。

老板与员工的对立由来已久,这种对立表面上是由工资水平造成的,不过仔细分析不难发现,双方对立的深层原因在于立场的不同,老板只是把员工定位为单纯的雇员,员工也是抱着给别人打工的心态应付工作,对企业没有归属感,更谈不上忠诚,双方的立场不变,这种对立关系就不会改变。

随着商业社会的发展,雇佣双方的这种对立情绪造成的妨碍越来越严重,

企业要想在激烈的竞争中立足，就必须改变这一状况，企业经营者必须抛弃传统的雇佣模式，将企业的发展与员工的个人利益捆绑在一起，给员工提供更大的发展空间，培养员工对企业的归属感，让员工摆脱打工心态。

为了实现这一目标，企业可以选择的最佳方案就是实施合伙人制度，将员工的身份由单纯的被雇佣者转变为合伙人，老板与员工共同拥有企业，双方形成一种平等的合作关系，不存在谁为谁打工，大家都是为自己工作，为自己的企业赚钱。

现在，零售业已经出现了一套成熟的"店铺合伙人"模式，包括苏宁、美的、天虹在内的很多知名企业都采用了这种合伙人制度。具体而言，就是零售企业在实体卖场的基础上搭建线上品牌商城，并且将线上与线下的销售体系对接起来，然后通过企业的分佣系统将员工转变为企业的合伙人，甚至将品牌的忠实客户也发展为合伙人。

与传统雇佣模式相比，这种"店铺合伙人"模式具有以下特点。

（1）店员不必出资就能成为"老板"，拥有自己的微商城

将雇员转变为企业的合伙人，这对于企业而言不需要增加运营成本，比如一家门店包括店长和销售人员总共5个员工，将这5个员工升级为合伙人只需要给他们各分配一家微商城，而员工不需要出资搭建平台和进货，真正实现了零门槛、零风险和零库存的创业，既满足了当老板的梦想，又加强了企业的销售体系。

在店铺合伙人模式下，员工不再是单纯的打工者，而是以一种创业的心态为自己工作，这样一来他们在工作中就会不断地进行自我激励和自我进化，更加主动地开拓营销渠道，挖掘客户资源，从而创造更好的业绩，实现更多的价值。

（2）顾客、粉丝也成为合伙人

店铺合伙人模式是一种完全开放的合伙制运营模式，面向的对象并不局限于企业的员工，企业的顾客、粉丝也可以加入这种零门槛的合伙机制，用户只需要在企业的线上品牌商城注册成会员，就可以通过朋友圈分享的方式开展自己的销售事业，只要有人通过自己的转发进行购买，企业就会发放相应的佣金给该合伙人。

（3）店铺合伙人一次推荐，终身享有佣金

随着电子商务的发展，很多消费者开始选择线下体验、线上购买的方式，门店销售员辛辛苦苦为消费者提供讲解和展示服务，然而消费者转身就到网上商铺购买，门店销售员什么好处也得不到，严重打击了销售人员的工作积极性。店铺合伙人模式很好地解决了这个问题。

在该模式下，每个销售员都拥有一个独立的微信平台二维码，只要顾客扫描一下就会自动成为企业的粉丝，而通过独立的二维码，这名顾客在线上平台发生的所有交易都将算作这名销售员的业绩，销售员可以从中拿到提成。通过这样的方式，销售员的收入得到了提高，从而会更加主动卖力地向顾客宣传，也可以通过自己的二维码随时查看自己的工作成果，比如带来了多少粉丝，获得了多少提成，等等，同时这也更方便企业的管理。

（4）店铺合伙人是朋友圈的意见领袖

微商的低门槛导致了整个行业的鱼龙混杂，很多门外汉只能依靠粗暴的朋友圈刷屏来获得订单，与刷屏电商相比，拥有专业知识和销售技能的销售员显然具有更多优势，他们知道应当如何挑选商品，也有能力回答顾客的各种问题，甚至可以在亲身体验的基础上将相关知识整理成个性化的文案，然后再转到朋友圈进行营销，这样很容易成为朋友圈的意见领袖，吸引潜在客户前来请教。

（5）合伙人模式下，离店顾客可在线上商城随时购买

实体门店经常会遇到顾客明显对商品感兴趣但是出于各种原因没有当场下单的情况，而顾客只要走出了门店，商家就无法继续与顾客保持联系并最终促成交易。店铺合伙人模式同样解决了这个问题，只要顾客在门店内扫描了销售

员的二维码，销售员就可以为这名顾客提供后续的咨询沟通，顾客也可以自由选择在实体门店或者线上商城随时购买。

（6）合伙人模式下24小时销售，无空间限制

在传统模式下，顾客无论是购买商品还是向销售员咨询商品信息，都只能选择在门店营业时间内进行，而在合伙人模式下，销售员与顾客的沟通不再局限于8小时的上班时间，销售的商品不再局限于门店内的品类，也不受限于门店库存；服务对象也不再局限于店内顾客，只要顾客曾经扫描了销售员的个人二维码，两者之间就可以随时进行沟通，销售员可随时随地为顾客提供个性化的导购服务。

（7）合伙人模式下是一种狼性精神、海盗精神

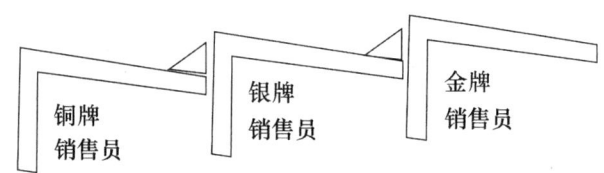

图 2-13　企业的"三级分佣系统"

合伙人模式的基础是企业的"三级分佣系统"，基于这种系统，销售员按照自己的业绩被分为铜牌销售员、银牌销售员、金牌销售员等不同的等级，如图2-13所示。每一等级享受的佣金水平并不相同，销售员根据业绩的增长可以不断晋级，级别越高拿到的佣金就越高，如铜牌销售员享受10%的额外佣金，金牌销售员则能比铜牌销售员多拿15%的佣金……

经济利益的诱惑可以刺激销售人员更加努力工作，尽力卖出更多的商品，做出更好的业绩以晋升到更高的等级，这就需要学习更多的专业知识，发掘更多的销售渠道，加大商品的推广力度。因此，销售人员之间极易形成一种良性的竞争机制。同时，这样的机制也利于企业更好地留住人才，降低人才流失水平。

（8）合伙人模式下店员离职要付出很大的"退出成本"

在合伙人模式下，员工拥有了更广阔的平台，当然也会付出更多的努力，而付出得越多，得到的越多，弃店离职时要舍弃的就越多，也就是说，在该模式下店员离职的退出成本很高，因而员工不会轻易离职，能够有效降低企业的人才流失水平。

（9）店员离职也不会影响生意

一般情况下，老员工在离职时都会带走一部分客户，给企业带来极大的损失，然而在店铺合伙人模式下，这种情况就得到了极大的缓解，因为员工离职以后还可以继续保留合伙人的身份，在微信商城推销商品以获取佣金，所以店员离职也不再会影响企业的生意。

由以上特点可以看出，店铺合伙人模式确实比传统零售模式更利于企业的发展，更加先进科学，传统的雇佣模式终将被合伙人模式所取代。

中国大酒店的"合伙人文化"：最佳雇主是如何打造的？

Rauf 是中国大酒店的总经理，像往常一样，他并没有关闭办公室的门，当他通过电话与合作者交流工作事宜时，他的员工来到他的办公室门前，他向员工示意电话结束后再与他谈话。这时距他上任已经过去了一年，再过不久，就是这一年的销售旺季，Rauf 也会因此变得更加忙碌，在组织与另外一个部门的会议之前，他需要与这个员工谈谈现在的工作状况。

此时正值广州的 10 月，这时候的广州是最适合发展商业的，因为中国出口商品交易会即将在这里举办秋季会展，也就是人们常说的"广交会"。许多企业

把这个大型展会作为发展自己的契机。

中国大酒店是广州高档商务酒店中的翘楚,从这里再经过一条街就是中国出口商品交易会的展览中心了,这种得天独厚的优势为中国大酒店的竞争增添了筹码。不过Rauf还是以谨慎的态度对待自己公司的发展。Rauf不担心其他的竞争者会抢走中国大酒店的顾客,因为该公司已经拥有了自己相对稳定的长期顾客,这也是其20多年的发展成果。

相比之下,保证服务质量的问题更能引起中国大酒店的重视。中国出口商品交易会举办期间会有大量顾客入住,Rauf需要做的就是在客户大量增加的情况下,还能够向其提供高质量的服务。

中国出口商品交易会的影响力在不断上升,许多国外的商家也慕名而来,这对中国大酒店来说不仅是机遇,也是一项挑战,中国大酒店在借以拓宽自身覆盖范围的同时,也面临着向不同文化背景的顾客提供高质量服务的问题。

好的服务就是要满足消费者多样化的需求,因为不同国家的顾客具有生活环境和文化上的差异,他们对酒店服务的要求也各不相同。所以说,中国出口商品交易会为中国大酒店带来更多的客源,也向该公司的员工提出了更多的要求。

Rauf作为中国大酒店的经理,在面临这些问题时需要做的是让公司的运营模式持续进行下去,但仅凭Rauf一人之力还不够,只有中国大酒店的"合伙人"与Rauf齐心协力,才能促进公司的长远发展。

➡ 照顾好"合伙人"

现在许多商家在进行宣传时都会强调"以人为本",但在实际的实施过程中,真正把这一点落到实处的并不多。与多数商家不同的是,中国大酒店将这个价值观作为自身核心文化的组成部分,并在向用户提供服务时展现出了这一点。

合伙人制度的内核：把员工当合伙人，构建企业与人才的"利益共同体"

在中国大酒店的管理理念中，合伙人等同于酒店的工作人员，每一个工作者都是公司的合伙人而不是打工者，Rauf认为这一点很重要。重视人的地位是中国大酒店的核心文化，Rauf本人也非常认同这一点，在他看来，公司拥有的最大财富就是这些工作人员。

中国大酒店的这个理念有着更深层的含义，酒店如果能够像对待其合伙人一样对待所有的工作者，工作者具有了主人翁意识后，在工作时也能够为顾客提供高质量的服务。

Rauf把这个理念看作企业文化中最重要的部分，因为中国大酒店的主营业务是向顾客提供服务来满足他们的需求，要保证工作人员在工作时能尽心尽力就要重视他们的地位，从某种程度上来说，这些工作者的重要性要超过那些共有公司产权的"合伙人"。

中国大酒店在前期的招聘环节就表现出对工作者地位的重视。例如，与其他多数公司在招聘中营造出的严肃氛围不同，中国大酒店会与前来应聘的人进行轻松的闲聊，还会提前为他们准备好茶水，在相对放松的谈话中，通过真诚地与对方沟通，让对方了解该公司的一些基本状况，而公司也能从谈话中辨别应聘者是否具备这方面的工作能力。

与应聘者进行足够的交流，才能判断出他的优点和长处，这对应聘者与公司双方都有利。中国大酒店之所以在招聘方面制订严格的要求，就是为了寻找能够胜任这项工作的人选。Rauf认为，如果因为在招聘环节的疏忽导致最终的人选不适合这项工作，那么这些人还是会被开除，这不仅是酒店的损失，对应聘者来说，也没有充分实现他们的价值，酒店原有的工作人员也会在身份认同感方面受到困扰，这些都是应该避免的负面影响。

尊重和重视酒店的"合伙人"，第一步要做的是把握这些工作者需要的是什

么。对那些刚刚踏入这个酒店的职员来说，他们最迫切的愿望是在短时间内适应新的工作。

针对这项需求，酒店为这些新人提供至少7天的培训期，培训结束后会根据他们个人的意见和公司的需要将他们安排到不同的岗位，这样就能让他们更好地适应新的环境。为了在满足工作者需要上做得更全面，Rauf给各个部门都下达了把握工作者需求的任务，通过与合伙人的交流来了解他们对公司的期望，让他们得到与能力相匹配的报酬，激发他们的活力。

举个例子，着装统一是许多企业的基本要求，这本是出于对企业的形象方面的考虑，但在实际的实施中，许多企业为了降低服装花费而忽视了员工的需求，许多企业的员工因为夏装质量不好而大汗淋漓，或者因为冬装的保暖效果不好而手脚冰冷。中国大酒店的制服则不会出现这样的问题。

中国大酒店也要求工作人员穿戴统一的制服，不过充分考虑到天气等因素，不会让他们因为衣服的问题而受到困扰，工作人员在工作时也能够更加投入，对公司的满意度提高了，公司的整体形象也能很好地展示给顾客。

中国大酒店在"以人为本"方面落实得很周到，其为工作者提供的服务相对其他同类型的公司来说更全面也更细致。一般的酒店都为其员工配备更换衣服和放置物品的衣帽间，中国大酒店为"合伙人"提供的服务远不止于此，工作人员可以用公司提供的熨斗免费熨平衣服、用擦鞋机擦鞋等，他们能够在方方面面感受到公司对他们的重视。

中国大酒店在满足合伙人的需求方面做了明确的规定并将其纳入公司机制。酒店经理会根据公司体系的规定统计"合伙人"的需求，并将需求统计结果以书面形式呈现给酒店的管理阶层。酒店经理及相关部门会根据工作人员对公司提出的意见做出反应，充分体现了酒店的核心价值。

合伙人制度的内核：把员工当合伙人，构建企业与人才的"利益共同体"

➡ "欢迎回家"

让来宾感受到家的氛围是中国历来提倡的待客方法，这也是中国大酒店企业文化的组成部分。

当企业的工作者像对待自己的家一样去对待公司时，他们就会尽自己最大的努力去工作，也能够为顾客提供周到的服务。Rauf作为中国大酒店的管理者，正致力于让企业与员工之间形成这种家人一样亲密的关系。

但是每个工作者的教育背景和身处的文化环境都不同，性格也因人而异，要想让这些工作者与公司之间形成亲密的关系，并不是那么简单。为此，中国大酒店的管理层加强与工作者之间的沟通交流，尊重他们对公司的意见，满足他们的需求。

中国大酒店在每天的正式工作开始之前会安排时长约15分钟的培训课程。在这个短暂的培训中，既可以就酒店的整体情况进行商讨、发表意见，也可以根据酒店的下一步发展制定相关的计划。管理层通过这个每天都进行的培训获知员工的工作情况和酒店的发展情况，也能够通过这种联系缩短与员工的距离。

许多人怀疑，职场毕竟不同于生活，企业管理者关注的是公司的效益，假如一个员工在工作中遇到困难，即使他求助于同事，同事也不会像家人一样为他设身处地地着想，更不用说管理者了。

中国大酒店在实际的操作中将这些变成了可能。在Rauf看来，员工愿意把工作中遇到的问题向同事和管理者诉说是件好事，顺利地解决他们的困难将更有利于酒店的下一步发展。

中国大酒店的管理者遇到有员工向他们倾诉工作难题时，会先了解他们在工作中出现了什么问题，然后根据问题和员工一起商讨办法。管理者与员工在这种情况下的交流和沟通是基于双方完全平等的地位来进行的，只要方法具有

可行性，无论是谁提出的都可以去实行，不存在等级之分。

假如和其他同事进行商讨和早上的培训仍然不能解决员工的问题，中国大酒店的工作人员还会把问题反映给管理层或者经理。除此之外，公司的季度会议也是员工提意见的好机会。中国大酒店会定期统计工作者对公司的满意度，若其员工对当前的状况普遍感到不满，管理者就会根据结果调整公司的运行机制。

➡ 共同成长

为了更好地满足客户的需求，中国大酒店必须保证其员工在专业技能和总体素质上的持续提升，在这方面，中国大酒店也有明确的规定：总经理每年需要接受总时长为2～3天的培训，其他工作者也需要按照公司的规定接受与其岗位要求相应的培训。

不过，酒店员工向顾客提供的服务多数情况下是没有经验可循的。来酒店的消费者会因为遇到一些自己无法应对的问题而寻求工作人员的帮助，员工则可能因为自己也无法解决而把问题推脱给他人，这么做的结果是许多顾客的问题得不到及时有效的解决。

这种情况需要酒店不断提高员工的综合素质，中国大酒店在这个问题的解决上也有自己的方案，就是让公司内部不同岗位的员工互相交流学习。具体的实施过程是让员工在一定的时间段内互相学习彼此的业务知识及实际的操作方法，这样在面对顾客们各种各样的咨询时就能更加从容地应对。

这个解决方案不仅能让员工了解公司内部的其他岗位和工作，也能在相处的过程中加强与其他同事的联系。在面对顾客提出的问题时，即使自己无法解决，也能够快速找到专业的同事，这是向顾客提供高质量服务的有效保证。

Part 3

创业合伙人：
告别单枪匹马时代，搭班子、定制度、合伙创业！

合伙创业时代，如何挑选创业合伙人、搭建创业团队？

"三个臭皮匠，顶个诸葛亮"，一个人的力量或许是有限的，但是多个人团结起来就能释放出意想不到的能量。因此当创业者在依靠自己的力量不能支撑创业项目发展的时候，唯一的办法就是寻找合作伙伴，相互扶持创业。

很多风险投资家在投资企业的时候提到：**选择和成立一个正确的团队就等于完成了80%的工作**。很多创业者走上创业之路的原因之一，就是希望掌控并改变自己的命运，不过即便在争夺决定权的过程中失败了，也并不代表输。事实上，只有依靠出色的表现成为团队中不可或缺的角色，才是真正掌控了自己的命运。

有调查机构在调查中发现，过去的创业者在创业时都是依靠自己的力量打拼天下，而现今在经济领域崛起的第三代企业家，其在创业的过程中更倾向于抱团创业，联合各自的优势组建新公司，做项目。

在第三代企业家中有90%以上的人都拥有一个3人以上组成的创业团队。因为在创业的时候拥有一个专业性较强、分工明确并且具有明显互补性的创业团队，所以在创业的过程中进展更加顺利，而且在企业成长到一定规模之后，能够有效避免家族企业带来的一些弊端，获得风险投资家的青睐，从而在良好企业制度的指引下走得更远。

现在几乎所有的创业者都在积极地寻找创业伙伴，其中每一个人关注的重点各有不同，不过他们用成功的实践经验告诉我们，他们在寻找创业伙伴中使用的方法和技巧对每一个创业者来说都具有重要的借鉴意义。

在熟人圈子里寻找合伙人

合伙人之间能够合作、共事的重要基础和前提就是彼此相互信任、相互尊重，因此创业者在寻找创业合伙人的时候，刚开始可以从自己的熟人圈子里找，包括朋友、同事、亲戚、同学、配偶等。因为是熟人，所以相互之间比较了解，更容易建立信任关系。比如谷歌的创始人拉里·佩奇（Larry Page）和谢尔盖·布林（Sergey Brin），就是同在斯坦福大学的同学。

同时还有很多夫妻档共同创业的，这样两人之间既能愉快地共事，又可以一起开心地赚钱。

黛比非常擅长和喜欢做巧克力曲奇饼干，并且乐意将自己的曲奇饼干分给朋友享用，每一个尝过的人都对她的手艺赞不绝口，而黛比的丈夫兰迪天生就有生意头脑，于是两人一拍即合，决定一起创业。他们成立了实体门店，在优质的产品以及成熟的经营理念之下，他们已经将门店开到了100多家，其品牌在市场上也形成了一定的口碑。

也有创业者在自己的好友中找到了合伙人，比如贾德·马尔金和尼尔·布卢姆联手创立了 JMB Realty，现今这家企业的资产已经达到了200亿美元。两

人在大学时候就是室友关系，建立了比较深厚的感情，因此在创业的时候两人更加合拍，共同带领JMB走向了成功。

那么创业者在寻找创业伙伴的时候应该注意哪些问题呢？

（1）要有明确的合作目标和目的，合伙人之间只有在合作目标和目的上达成共识才能实现更好地合作。

（2）要规划好合作伙伴的职责，明确的职责要求可以让创业者在寻找合作伙伴的时候更加具有目标性。

（3）要严格分配好合作伙伴之间的投入比例以及相应的利润分成，从而让合伙人之间可以保持一种更长久的关系，同时也可以有效避免因利润分配不均而导致的一些问题。

➡ 预先设定协议，解决将来有可能会出现的冲突

尽管合伙人之间的合作都是建立在相互尊重和信任的基础上的，但是不可否认，在创业的过程中总会因为意见分歧而使合伙人之间产生矛盾。因此创业者在寻找合作伙伴的时候也应该具有前瞻性的目光，考虑一些将来可能会发生的事，制订合作伙伴的退出机制。

因此在创业初期，创业者应该学会"先小人后君子"，对将来可能会发生的矛盾和冲突预先设定好协议，以便在将来更好地解决问题。创业者在与合作伙伴建立创业关系的时候切记对未来的伙伴关系不要过于乐观，应该好好考虑一些比较现实的问题。

➡ 好的合作伙伴是怎样炼成的？

现在很多人在创业的时候始终认为，创业最好就是自己单干，如果要找合

作伙伴，将来可能会出现各种预料不到的麻烦，而这些可能存在的问题都将对创业产生直接的影响。最糟糕的结局就是创业的道路还没有走远，创业伙伴之间就已经闹得不可开交，失去了继续前进的信心。

但是毕竟一个人的力量是有限的，而且合作伙伴之间的关系闹僵的情况也不是绝对都会发生。有了合作伙伴创业者将会有更开阔的思维，能够取长补短，思考得更加细致和周到，同时还可以依靠合作伙伴的力量开拓更多的资源。怎样才能有效发挥创业伙伴的力量和优势，避免创业团队不欢而散呢？其实可以对创业伙伴进行有目标地打造，让其成为创业者在创业道路上的好帮手，图3-1所示为有效发挥创业伙伴的力量和优势的五大法则。

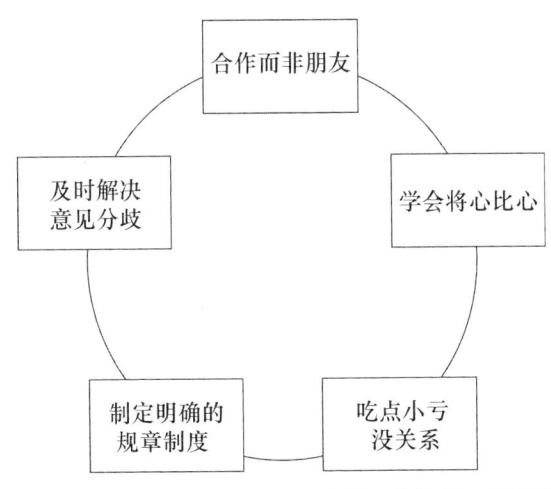

图3-1 有效发挥创业伙伴的力量和优势的五大法则

（1）合作而非朋友

一般情况下，只有具有感情牵扯的人才有机会成为合作伙伴，不管是朋友、同学还是亲戚。总之，一旦双方决定在一起合作创业，首先要保证双方在创业时不会把对方当朋友，因为如果有情感因素在里面，很多事情讨论和商量起来

都会很棘手。

因此在合作的过程中,应该将对方放在对立的位置上,要用严肃谨慎的态度来制订合作协议的条款,提出各种可能出现的问题,双方就这些问题讨论并得出一个最圆满的解决方案,将具体的解决方案写进合作协议的条款中,并将其作为以后解决问题的重要参考。如果有一方违背,就要受到相应的惩罚。

但是通常情况下,很多人在合作的过程中都做不到铁面无私,结果往往是不欢而散,有的合伙人甚至走上了法庭,依靠法律的权威来解决在合作中出现的问题,虽然这样做能尽可能地获得公平公正,但是真正走到对簿公堂这一步,彼此建立的合作关系也就难以维持下去了。

(2)学会将心比心

在与合作伙伴建立了合作关系之后,一定要讲求公平公正。所谓的公平就是说要学会设身处地地为他人着想,当你向合作伙伴提出条件的时候,你要学会将心比心,看看如果是你,你能否接受这些条件,如果你自己都不能接受,那就别要求合作伙伴接受,"己所不欲,勿施于人",这个道理很简单。

但是很多人都不能做到这一点,因此在合作中常常会因为提出一些苛刻的要求和条件而弄僵合作关系。

(3)吃点小亏没关系

没有什么事是绝对公平的,虽然现在人都在追求公平,但是这种公平是相对的,在创业者与合作伙伴进行合作的过程中,讲的也是一种相对公平,不可能事事都锱铢必较,只要双方在某些问题上都退一步,那么双方的合作关系将会走得更远。

如果双方都能让一些利益给对方,那么最终大家肯定都能获得更多的回报。对创业者来说,吃点小亏是为了企业今后能更好地成长。

(4) 制定明确的规章制度

在一起合作创办公司，总会出现各种各样的问题和矛盾，这是无法避免的，解决这些矛盾和问题最有效的办法就是制定明确的规章制度，对合伙人和自己的行为进行约束，同时对问题的解决有重要的参考依据。

(5) 及时解决意见分歧

经验比较丰富的创业者已经认识到，在创业的过程中，不可能所有的问题都与合伙人达成一致，如果不能解决分歧，也就不能进行合作。因此怎样合理地解决分歧就变成了合作的关键点。事实上，在公司中实行控股制不失为一种好办法，当合伙人就某项意见争得不可开交时，控股方有权决定最终的答案。

好的合作伙伴可以成为创业者创业过程中的好帮手，同时也是支持创业者克服艰难险阻、一步步迈向成功的重要力量。那么对创业者而言，应该怎样挑选合作伙伴呢？图 3-2 所示即为挑选创业伙伴的着眼点。

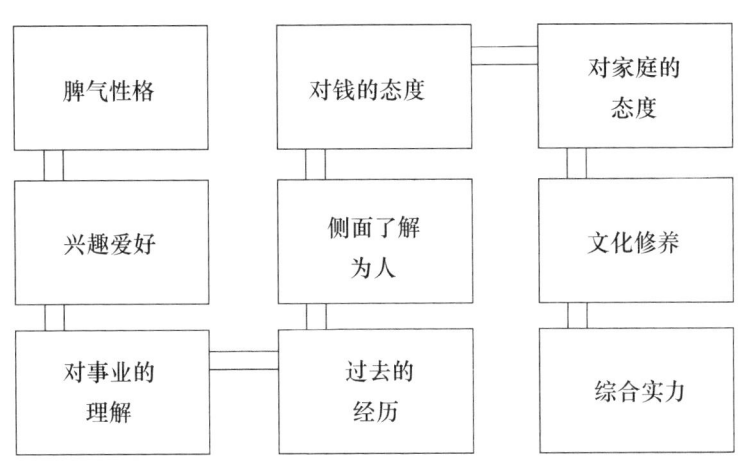

图 3-2 挑选创业伙伴的着眼点

★ 看脾气性格

一般一个人的脾气性格在青少年时期就已经定型，而且在以后也很难改变。人们的行为方式都与自己的性格有着必然的联系。寻找合伙人一起创业时，千万要避开那些容易猜疑、嫉妒、易怒，并且喜欢斤斤计较的人，同时，那些不喜欢沟通，喜欢将话憋在心里的人也不适合做合作伙伴，试问，对方都不喜欢跟你沟通，两个人怎样建立信任，怎样进行合作呢？

★ 看兴趣爱好

在看一个人是否适合做合作伙伴的时候，还要看这个人的兴趣爱好，如果这个人喜欢喝酒和赌博，那么千万不要选他做你的创业伙伴。如果是对男性进行考察，还应了解一下他对异性的看法，好色和爱鬼混的人不适合做合作伙伴。

★ 看其对事业的理解

有的人在做事情的时候没有任何目标和想法，只是单纯做事情，这种人进行短期的合作还可以，如果进行长期的合作，在没有任何目标的情况下就创业很可能会让创业者失去创业的方向，而且对未来没有任何规划，也不利于企业的发展。

★ 看其过去的经历

一个人所经历的过去是其最宝贵的财富，不管是好的还是坏的，都是一种人生的折射，创业者应该多观察其所经历的一些事情，从中看看他们是否有经商的头脑和天赋，能否为公司的成长带来好处。

★ 从侧面了解一个人的为人

从正面直接了解一个人看到的可能只是他想呈现给你的一面，要想更真实、全面地了解他，应该走进他的朋友圈，了解他在朋友中的口碑和印象。此外，创业者还应该从合伙候选人的竞争对手入手，了解其真正实力。

★从消费习惯看其对钱的态度

很多人认为，从一个人花钱的习惯上就能看出这个人对金钱的态度，了解他是怎样挣钱的。当你发现这个人有大手大脚花钱的习惯时，一定要慎重，挣多少花多少或者是花得比挣得多的人，一定不是合作伙伴的最佳选择。

★看其对家庭的态度

一个人对家庭的态度能折射出他的道德观，对于一个不懂得关心家庭和爱护家人的人，要慎重选择。不懂得孝顺父母的人一定不要选，因为不懂得感恩父母和关爱他人的人一定不具备基本的道德素养，而一个人的道德素养是其做事的基本准则，如果连这些都不具备，那么这种人对公司来说，将会带来致命性的危害。

★看其文化修养

一个人的文化修养决定了这个人有没有做事的决心和毅力。虽然说在选择合作伙伴的时候，合作伙伴的文化水平并不是一个关键性的因素，但是为了能让合作关系更长久，创业者也应该考察合作伙伴的文化素养。可以进行这样的思考：如果不选择与他合作，自己能否单独完成这件事？是否还有其他的合作伙伴可以选择？

此外，对于书生气比较重的人也要慎重，虽然他们有较高的文化修养，但是由于文人气息比较重，缺乏冲劲和爆发性，不利于公司的发展。

★看一个人的综合实力

除了要考察合作对象的上述特性之外，创业者还应该对其所有的方面综合起来进行评价，看看是否有合作的可能。如果一个人在脾气性格、行为习惯以及交际等方面有所欠缺，创业者就应该对其慎重考虑了。

选择合适的创业伙伴是创业的第一步,因此创业者应该有足够的耐心和细心来选择自己的最佳拍档。

创业团队VS设计管理:如何建立稳定的合伙人机制?

2015年3月5日,李克强总理在《政府工作报告》中指出,要把"大众创业、万众创新"打造成中国经济增长的新引擎。这也意味着,创业已经上升到顶层设计的战略层面。而随着国内投资环境的不断改善,民间资本活跃度日趋高涨,并逐渐进入国民经济的各个领域。对于新创企业而言,"融资难"已经不再是困扰创业者的瓶颈问题。

创业要想取得成功,必须具备3个核心要素,即——靠谱的人、到位的钱、合适的事。一个创业项目的启动,必须至少符合其中的2个要素,然而最为关键的还是要寻找到靠谱的创业合伙人,组建出一支优秀的创业团队。

➡ 团队是创业第一关

20世纪80年代,著名企业家王石提出了一句至今仍对万科影响深远的口号:"人才是万科的资本。"人才被当作企业的运作资本,这种对人才重视的思想吸引了大量人才投身万科,注入鲜活血液的万科渐渐羽翼丰满,并于1991年成功上市。

万科的成长使他们对人才重视的程度进一步提高,"人才是万科的资本"上升为"人才是万科的第一资本"。随着互联网全球化时代的到来,万科人进一步升华了其重视人才的理念,提出了"人才是万科的唯一资本"的口号。

由追求传统的金融资本发展到现如今的人才战略，投资家之间开始上演"人才抢夺战"。众多的企业家、投资者开始了解到，在如今的全球化时代下，如何招揽人才，打造出强有力的团队是他们迈向成功的关键。合伙人机制由此应运而生，一些企业在创立之初便采用这种机制。也有一些成熟的企业如马云的阿里巴巴，在企业发展壮大后出让部分股权给企业的核心员工，将之演化为合伙人制。主要的合伙人机制有事业合伙、商业合伙和价值合伙 3 种，如表 3-1 所示。

表 3-1 常见的合伙人机制分类

常见合伙人机制分类				
类别	常见形式	典型企业	优点	不足
商业合伙	侧重于项目，股权集中，业务决策集中，可以没有实物投资	绝大多数创业团队	商业性强，规则清晰，适合早期创业	过去看中利益，行为往往有短期效应
事业合伙	侧重于行业，股权相对分散，业务决策民主集中化	新东方、万科、京东	执行力强，有更强的环境适应性	对个人视野和格局要求高，存在个人能力瓶颈
价值合伙	侧重于产业，股权更均衡，业务决策更理性	阿里巴巴、复星、小米	生命力强，有战略预见性	对产业认识、战略、运营和文化管理的要求高

这 3 种形式之间并没有严格的界限，在创业团队的发展过程中，会发生一种形式向另一种形式演变的情况。而无论是哪一种形式，合伙人都是关键，侧重点还是团队和人。创业者如何利用自己的资源，找到合伙人并与其发展为利益共同体，进而打造出有强大竞争力的创业团队，是摆在创业者面前的第一道难题。

如何挑选创业团队？

商业合伙是在目前的创业团队中最为流行的模式。在合伙人的选择方面，

创业者们可能会仁者见仁,智者见智,但就其关键来说,不外乎 3 点:激情、专业、互补,如图 3-3 所示。

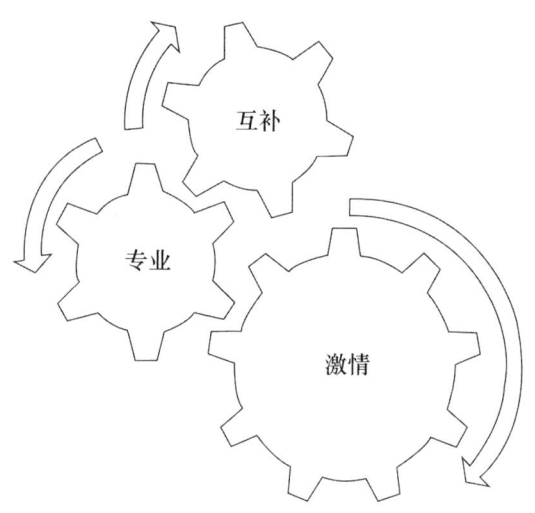

图 3-3　创业合伙人最关键的 3 点特质

★ **对于一个创业团队而言,合伙人最重要的是要有激情**

年近 40 岁的雷军打造了一支同时拥有谷歌、微软、金山软件、摩托罗拉等一流企业人才的创业团队。这些精英人才的加入正是受到了雷军创业激情的感召。他们放弃了已拥有的权力与地位投身小米,满怀着创业激情,在这片智能手机市场的红海之中,只用了 5 年时间便打造出了拥有 450 亿美元估值的小米帝国。

★ **合伙人的专业能力是一个创业团队实干的基础**

复星集团在自己的发展中逐渐形成了"我们在评价一个人的时候,最重要的是看他的能力,我们永远要跟有能力的人站在一起。对有能力的人,通过合理的激励把他们变成自己人"的人才观与"最专业的事由最专业的人来决策"的决策观,在这样的理念的支撑下,复星产业稳步发展,逐渐成为行业的领头羊。

一个团队若缺少了专业能力的支持，团队里的每个人都可能成为企业发展过程中的绊脚石。创业团队领头人若专业能力不足，则会成为限制整个企业发展的壁垒。

★除了激情、专业，合伙人之间的合作也需要技巧

2～4人是初始的创业团队的最佳人数，这些成员之间必须要有互补优势。这一特点在马云的创业团队中得到了充分的体现。并不懂技术的马云带领着17位精通技术、市场、运营等方面知识的精兵强将开创了阿里巴巴帝国，这正是得益于团队各成员的优势互补。

马云带给整个团队的是创新性的思维、高瞻远瞩的决策、独具一格的企业布局，并以其非凡的天赋与人格魅力获得了团队的支持与信赖。在这种专业性强且互补优势得到充分发挥的精英团队的一起努力下，马云创造了互联网时代的神话。

良好的团队之间具有互补优势，彼此之间能够传递正能量，但应尽量避免团队中出现擅长领域重合的合伙人，这样一方面可以避免资源的浪费，另一方面也能减少合伙人在其所擅长领域的矛盾。

具备了上述3点的创业团队要想进一步发展，还应具备勇于承担责任的品质。在创业的过程中，团队成员难免会犯些错误，应该敢于面对这些错误，勇于承担后果，只有这样，创业团队才会在犯错与改错中成长，企业才能得到长足的发展。

➡ 从初创开始立规矩

一个创业团队难免会侧重于资金、人员、项目，从而忽略了建立健全的企业规章制度。这种情况很可能会给企业带来一系列的经济纠纷。正所谓"无规矩不成方圆",为了企业的发展,创业团队必须先建立一套健全的规章制度,并据之严格执行。图3-4所示为初创企业应该建立的规章制度。

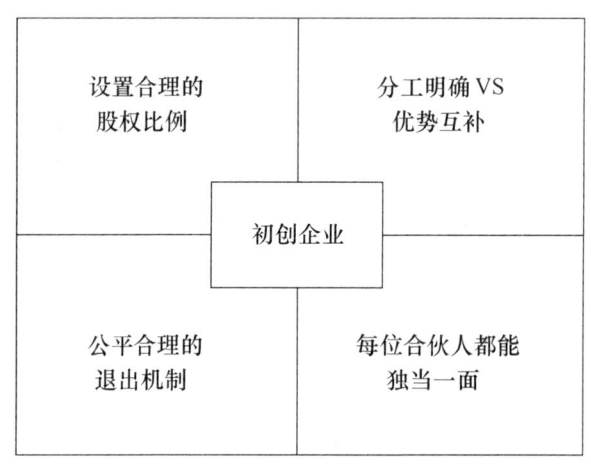

图3-4 初创企业应该建立的规章制度

（1）设置合理的股权比例

合伙人之间应尽量避免出现股权均分的情况,其中以一人持股最大（持股可超50%）并赋予其对企业的最终决策权的股权分配结构最为理想,这样也能为日后其他投资者的入股留出足够的空间。

（2）分工明确VS优势互补

创业团队的各成员之间要分工明确,由于各成员所擅长的领域不同,在自己所擅长的领域应该拥有决策权,甚至是最终否定权,这些都应该在公司的规章制度中有明确的规定。这样体现出了创业团队各成员之间的专业互补性。

（3）公平合理的退出机制

创业合伙人在创业初期投入少量资金而所拥有的大量股权是建立在团队成

员对公司发展的美好憧憬，并希望一起创造财富的前提之上，这些少量的资金并不是对大量股权的真实反映。

创业团队合伙人长期投身于公司并通过对公司的长期服务来得到股权，这才是公司股权价格的真实反映。但在企业的发展过程中，部分合伙人中途退出并带走大量的股权，是对长期投身于企业发展的合伙人利益的侵害，还会使他们产生危机感。而事先设定了公平合理的退出机制，便可有效解决这类事情的发生。

下面是股权退出的几种主要方式[1]：

★在一定期限内（比如1年之内），约定股权由创始股东代持；

★约定合伙人的股权和服务期限挂钩，股权分期成熟（比如4年）；

★股东中途退出，公司或其他合伙人有权溢价回购离职合伙人未成熟、甚至已成熟的股权；

★对于离职不交出股权的行为，为避免司法执行的不确定性，可约定离职如不退股处以高额违约金。

（4）每位合伙人都能独当一面

每位合伙人不仅是利益上的股东，更是公司的运营者、决策的执行者、文化的传承者……在企业面临危机时，这些团队成员要能够站出来带领企业渡过难关。屹立几百年不倒的罗斯柴尔德家族能够传承至今，正是源于他们家族团队深厚的文化底蕴。在这些文化的引领下，创业项目才能成功发展为有组织的商业公司，并进一步发展成富有文化底蕴与鲜活生命力的现代企业。这正是合

---

[1] 资料来源：创业邦

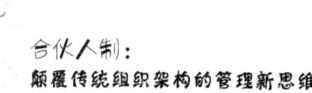

伙人机制能够在创业者中广泛流传的秘密所在。

惠普的最佳合伙人

1930年秋天，斯坦福大学迎来了两名新生——休利特与戴维·帕卡德。随后，两人同时参加了学校举办的新生橄榄球比赛，开始了长达几十年的友谊之旅。

两人于1938年的夏天在一间仅能容纳一辆汽车的车库开始了惠普公司的创业之路。其初始资本仅是在特曼老师帮助下借来的538美元以及一个工作台、一套老虎钳、一台钻床和一些简单的元件等。帕卡德与休利特两人优势互补，前者擅长生产工艺，后者擅长电路设计。这给他们开创电子产品公司带来了极大的便利。

转眼间到了1939年，在这年的第一天，两人通过掷硬币的方式决定在公司名称中，谁的姓氏排在前面，最终休利特胜出，威廉·休利特的姓氏在公司名称中排在前面，产生了HP而不是PH，惠普公司正式成立。"Hewlett-Packard"（简写为HP）公司成立的第一年销售额为5 369美元，利润为1 536美元。之后，公司开始稳定发展，并且每年都有盈利，在企业界中创造了奇迹。而他们也在1940年将公司从车库中搬出。

自惠普成立到1977年，公司的运作一直由他们两人执行，硅谷车库创业模式、合伙人创业模式以及基于休利特与戴维·帕卡德几十年合作的"惠普之道"成就了硅谷高科技产业的精神内核。

1987年，诞生惠普公司的这间车库被政府评为加利福尼亚州成长史上具有划时代意义的"硅谷诞生地"，他们俩人的合伙人创业模式已成为创业中的典范，这种独具魅力的"惠普之道"也成了美国的最佳企业管理方式。

伟大的联合创始人：选择联合创始人的4个最高标准

随着经济的发展和国家陆续出台各项对创业的扶持政策，"创业"成为很多人的选择。很多有理想、有抱负的人希望能通过创业来实现自己的梦想，获得事业的成功，并为自己赢得更精彩的人生。加之创业之路上俞敏洪、马云等成功鲜活的例子，越来越多的人对创业有了更美好的憧憬，希望通过创业来改变自己的人生。

但是创业并不是一件简单的事，创业成功者毕竟是少数，有调查数据显示，在每年新创办的企业中，至少有一半的初创公司会在半年之内倒闭。导致创业失败的原因有很多，但是其中最主要的因素有两个：**一是缺乏足够的资金；二是创始人之间发生矛盾和冲突。**

选择一个合适的联合创始人是成立公司前应该首先解决的一个关键性问题。联合创始人就像是创业者的配偶一样，每天大多数的时间都会和创业者待在一起，讨论公司的重大决策，并就一些问题达成共识，比如公司应该打造一款什么样的产品，应该制定什么样的营销策略以及是否对公司的股权进行出售等。

联合创始人对公司的文化建设以及职业道德建设具有重要的意义。公司在初创阶段的所有工作和事务都是由创始人团队决定的，因此选对联合创始人对初创公司而言是至关重要的一步，那么选择联合创始人应该遵循哪些重要的标准呢？如图3-5所示。

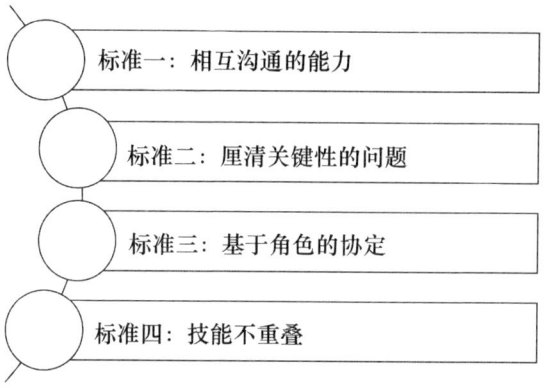

图3-5 选择联合创始人应该遵循的4个重要标准

标准一：相互沟通的能力

你的联合创始人能否与你进行真诚地沟通？当他们做出了错误的决策时，你能及时指出并制止吗？你能够对他们的决策或工作给予批评性的建议，或者你能接受他们真诚的建议吗？当你从个人利益出发做出了一些决定的时候，你能跟他们进行坦诚地沟通吗？

创业者在选择联合创始人的时候，首先要保证能与他们进行坦率地沟通，这样才能及时发现和解决问题，为初创公司的成长奠定更稳固的基础。

当然，与联合创始人建立良好沟通的前提就是要相互信任和尊重，要认识到你们是同一条船上的人，你们需要共同努力和奋斗以保证这条船不会下沉。创业会面临很多压力，在创业的过程中也会遇到各种各样的困难，但只要创业者能与联合创始人之间建立良好的沟通关系，一切的问题都将在双方的共同努力之下迎刃而解。

标准二：厘清关键性的问题

创业者在选择联合创始人的时候要弄清楚，做朋友和在一起创业根本不是一码事。之所以会跟一个人成为朋友，可能是因为你们有共同的兴趣爱好，也可能是对方身上的某些你所没有的东西吸引了你。而对于你所选择的跟你一起创业的人，需要保证拥有共同的创业目标和坚定的创业决心。

有的人创业是想要享受事业的成就感，有的人创业是想要挣大钱，有的人创业是为功成名就，还有人创业是为了让自己获得不一样的经历，不管出于什么原因，只要你们有共同的创业目标，就可以在一起创业。否则，即便勉强待在一起创业，一旦将来其中某个人被外界更好的条件吸引走，你们的合作关系也就结束了。

除了弄清楚创业的目标之外，创始人和联合创始人还应该弄清楚其他一些关键性的问题，例如：

★创始人与联合创始人想要建设什么样的公司文化？

★公司文化中应该拥有哪些关键点？

★在招聘新员工的时候，员工应该具备哪些关键性的特质？

★你能认同创始人的观点吗？

★创始人和联合创始人能就投资者的意见和看法达成一致吗？

★投资者在公司中扮演的角色是什么？

……

一家公司的首席执行官被解聘，原因就在于在公司的一项战略决策中，联合创始人站到了风投的一边，之所以会做出这样的选择，是因为联合创始人认为风投在投资了公司之后就可以决定公司的战略决策了，这最终导致首席执行官被解聘。因此创业者在选择联合创始人的时候，还应该搞清楚联合创始人的想法。

➡ 标准三：基于角色的协定

很多大公司在创立初期都是由创始人主管公司或者担任公司的首席执行官，另一名创始人会担任公司的技术主管或者其他配角。如比尔·盖茨 VS 保罗·艾伦；史蒂夫·乔布斯 VS 史蒂夫·沃兹尼亚克；马克·扎克伯格 VS 其他多位 Facebook 创始人等，在这样的角色组合之下，公司能得到快速成长。

如果创业者和联合创始人都想做公司的首席执行官，一般其中一个人会作出妥协——担任公司的总裁。虽说两个职位处于"平等"的地位，但是在进行重大决策时，你就要做好面对可能会发生矛盾和冲突的准备。

在刚开始创业的时候，创始人和联合创始人还能进行心平气和地讨论，能比较容易地做出一些决策，但是如果不能明确谁在公司掌握更大的话语权，公司将来会因为这个问题出现更多的冲突。

哪怕你与联合创始人之间能够就95%的公司事务达成共识，但是只要存在着5%的不可调和，就有可能让公司陷入瘫痪。你跟联合创始人都拥有否决权，这就说明你们将在某些问题上永远无法达成共识，在公司没有形成统一意见的时候，公司如何实现更长远的发展？对初创公司而言，快速行动的能力是其核心竞争优势，而决策不能达成一致无疑是一剂毒药，将会给公司带来致命的打击。

因此在成立公司之前，首先应该确定公司的决策制订者，而不是将这个问题放在公司创办之后来解决。在绝大多数情况下，首席执行官应该是决策的执行者，负责做好产品和商业问题的执行工作。

此外，还应该确定一个解决冲突的办法，比如有的公司专门外聘一个顾问来调解创始人和联合创始人之间的矛盾和冲突。

创始人之间也会出现相互竞争的情况，比如首席执行官一般会受邀参加一些会议，在获得曝光率的同时为公司吸引更多的风投。而如果另外一个本想当首席执行官的人因为妥协担任了公司的另一个角色，就可能会因为比较低的曝光率而影响工作积极性。如果发生这样的情况，首席执行官应该想一些对策来增加对方的曝光率，同时还要保证自己首席执行官的角色不被动摇。

标准四：技能不重叠

通常情况下，公司在刚成立的时候会设计和开发一款产品，如果由两个人共同制定很可能会出现两种结果：一种是产品由专业的团队来设计；另一种则是两人就产品的发展方向无法达成一致。

但这并不是说在选择联合创始人的时候应该找一个对产品不能有效感知的合伙人，恰恰相反，一个对产品具有强烈感知能力的人对产品的发展具有重要的作用，可以为产品确定发展的方向，而创始人需要做的是选择这样一个人，并认同他们所设定的目标。

举个简单的例子，如果3个商界人士共同创办了一家科技公司，虽然从表面上看这家公司的实力很强，实质上这对公司来说并不是一件好事。因为科技公司很难开拓角色，而且初创公司并没有那么多的业务来让3个创始人实现自己的价值，除非所有的创始人都是产品开发者。然而创始人和联合创始人不能拥有重叠的技能，就算所有的创始人都是产品的开发者，他们之间也要明确分工。

➡ 联合创始人最好能满足这些条件

创始人与联合创始人已经是多年的好友,相互之间已经建立了尊重、信任的关系,能够更好地理解对方,这些前提条件可以为双方建立有效的沟通机制起到辅助性的作用。当双方产生意见分歧时能够在相互理解的基础上进行沟通,从而最终促进意见的达成。

创始人与联合创始人曾经一起共事过,相互之间比较了解。人们在工作和生活中可能会有完全不同的表现,在生活中合得来的朋友,在工作中却可能会产生很多矛盾。因此创始人最好曾经与这些联合创始人候选人在某些业务领域或项目中进行过合作,能够比较清楚地了解其工作能力、工作态度以及工作风格,这样在以后的工作中可以减少磨合期,提高工作效率,还可以互相探讨和定义工作中的角色,建立相互信任的工作关系。

合伙人制VS人本管理:小米创业团队为什么能成功?

成立于2010年4月的小米科技,是一家专注于智能产品自主研发的公司,也是国内互联网公司的成功代表,如图3-6所示。自成立之初,小米就提出了自己的产品理念,即"为发烧而生"。不仅如此,小米还将这一理念贯彻到企业的运营当中,比如让小米的粉丝参与到手机硬件及操作系统的开发和改进当中来。

图 3-6 小米科技的 Logo[②]

自 2014 年开始,已经取得不错发展成果的小米,更是加快了自己的发展和扩展步伐。

2014 年天猫"双十一"狂欢节中,小米天猫店售出的手机数量为 116 万台,销售额更是所有天猫店铺之最,达到了 15.6 亿元。

2014 年 11 月 12 日,小米与国内视频巨头之一优酷土豆集团达成战略合作,合作的内容主要涵盖两个方面:其一是资本方面,小米公司将向优酷土豆投资;其二是业务方面,小米会与优酷土豆在影视作品的制作、出品和发行等方面进行深度合作。

2014 年 12 月 14 日,小米科技与美的集团签署战略合作协议,根据协议内容,小米将斥资 12.7 亿元入股美的集团,此举也被认为是小米科技进军智能家居领域的标志之一。

2015 年 5 月 13 日,小米的线下销售渠道——小米之家正式开始销售手机,而此举也意味着小米正式开始与三星、苹果等智能手机巨头展开正面厮杀,图 3-7 为 2015 年 7 月 2 日雷军微博公布的小米销量。

② 资料来源:新浪科技

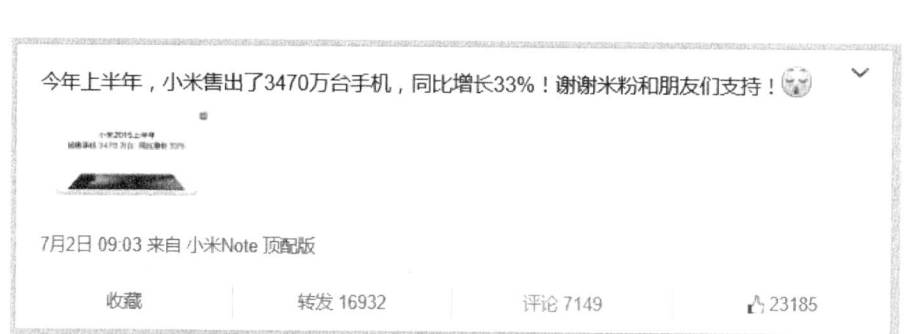

图 3-7 2015 年 7 月 2 日雷军微博公布的小米销量[3]

从创立到取得令人瞩目的成功，小米所花费的时间不过短短几年，这其中的原因既有对互联网思维的巧妙应用，也有别出心裁的营销方式所发挥的效力。不过，从根本上而言，小米的创业团队能够取得成功，是因为其合伙人制度的运用和以人为本的管理方式。

团队第一，产品第二

分析国内外的创业团队，你会发现其能够取得成功的关键因素有二：第一是团队，第二才是产品。因为只有拥有了好的团队，才有可能生产出让人青睐的产品。

小米的创业经历也是如此。在创业之初，为了能够招聘到合适的成员，小米的几位创始人可以说付出了无数心血。一家创业公司的前途几何，毕竟充满了极大的不确定性，而这种不确定性则使得人员招聘的难度非常大。

而对一家主要业务是自主研发智能产品的公司而言，小米在招人时花费时间最长、难度最大的当属搭建硬件团队。虽然小米的创始人都来自于互联网行业，但他们都缺乏硬件方面的经验和资源，所以为了招到技术过硬的专业人才，几位创始人经历了不少的挫折。

---

[3] 资料来源：新浪微博

➡ 合伙人制：8个各当一面的合伙人

创业成功自然会有无数的风光，但创业面临的风险也是极高的。互联网的蓬勃发展，让无数人看到了机遇，但机遇背后更多的是挑战。

即使如阿里巴巴这样首屈一指的企业，当年也曾经历过九死一生。

1999年，以马云为首的18位创始人在浙江杭州正式成立了阿里巴巴。1995年，马云曾经尝试做中国黄页，但不幸遭遇了失败；1997年，马云尝试做中国商品交易网站，最后也没有成功。今天的阿里巴巴能够拥有天猫、淘宝、支付宝等产品，能够成为横跨各个行业的商业帝国，能够远赴美国成功上市，可以说支撑这一切的核心就是马云所带领的团队，尤其是经历过创业艰辛的合伙人。

如今，经过几年发展的小米已经壮大了团队的规模，也形成了划分清晰的组织架构，8个合伙人各司其职、独当一面，保证了决策的高效。

➡ 用最好的人：1个靠谱的工程师顶100个平庸的工程师

被互联网界无数创业者膜拜的苹果创始人乔布斯，曾经说过这样一句话："我过去常常认为一位出色的人才能顶两名平庸的员工，现在我认为能顶50名。我大约把四分之一的时间用于招募人才。"而实际上，苹果最核心的设计师、工程师和管理人员团队也确实是由乔布斯参与组建的。

作为一个创业团队，小米在人才的选择上，也一直坚持"用最好的人"。对智能硬件产品的研发来说，需要能力出众、热爱工作，而且具有专注力的工程师。1个出色的工程师所起到的作用，毫不夸张地说可以等同于100个平庸的员工。

而小米为了能够招聘到最出色的工程师,从来不惜时间、精力和成本。小米认为具有能力和经验的员工驱动力强,他们不仅能自己在喜欢的岗位上发挥巨大的能量,而且还能够带动周围的人,在玩中创新,在工作中获得提高。

➡ 寻找最合适的人:要有创业心态

截至 2014 年年底,小米的用户已经达到了 1 亿,企业的估值也已经高达 450 亿美元,不折不扣地成为了互联网创业领域的明星公司,图 3-8 所示为 2011—2014 年小米手机的出货量和销售额。即便已经取得了巨大的成功,也拥有 10 000 多名出色的员工,小米在招人上仍然毫不懈怠。

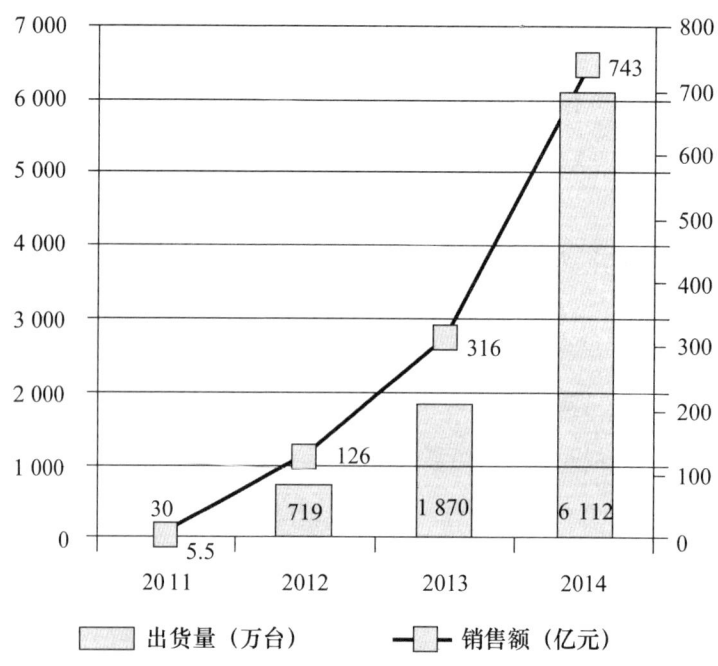

图 3-8　2011—2014 年小米手机的出货量和销售额

跟创业之初一样，小米人才选拔的标准仍然是最专业、最合适、最好。最专业是指具有的专业素养，毕竟只有最专业的人才有可能研发出性能更高的产品；而最合适则指员工要有创业的心态，具有极高的积极性、主动性和忠诚度，也只有这样才能保证不需要繁冗的考核和制度就能够最大限度地发挥管理的效率。

如果深入剖析创业的心态，其具体所指的应该是一种对工作的热诚。那么，应该如何激发团队中员工的热情呢？我认为，可以从以下几个方面入手。

（1）让员工成为粉丝

让员工成为粉丝，意味着员工对企业理念和产品的认同。例如：小米的理念是"为发烧而生"，表达的就是一种对完美的执着，这非常容易使理念相同的员工成为企业的粉丝。而对产品的认同指的是对于企业生产出来的产品，员工自身应该是喜欢且乐意使用的，如果员工自己都不使用自己的产品，那么他自然很难向别人传达产品的优秀和独特之处。

（2）去KPI[④]化

虽然KPI是企业惯常使用的绩效考核和管理方法，但是小米没有采用这样的方式。那么，这就牵涉到一个目标分解的具体操作问题。

跟其他公司一样，为了更好地发展，小米也会制订一系列目标，但目标的具体分配对象是企业的合伙人，这也就相当于将由合伙人负责KPI。

➡ 天理即人欲：给足团队利益，让员工"爽"

明代心学集大成者王阳明有这样一句名言："天理即人欲。"这句话对企业

---

④ KPI：Key Performance Indicator，关键绩效指标，衡量流程绩效的一种目标式量化管理指标，是企业绩效管理的基础

的管理者，尤其是创业团队的管理者来说极具启示价值，转用到企业管理中，可以理解为：给足团队利益，让员工"爽"。

企业以人为本的管理理念具体体现在对人才的重视和对人才利益的满足上。尽管各个企业对员工的鼓励措施有所不同，但实际上人才的激励并不需要生搬硬套，也没有什么条条框框，企业的管理者应该做的就是尽可能地放低自己的姿态，与员工平等相处，这样才能更清楚地了解员工的需求，员工也更容易获得参与感和成就感。

小米的创始人雷军在创办小米之前，是中国最著名的天使投资人之一，其创办小米的目的就是做一个伟大的公司。因此，小米总是尽可能地给予员工尊重和权益。

➡ 解放团队：忘掉KPI，组织结构扁平化

不采取KPI绩效管理方式的小米，实际上采用的是用户驱动的方法，而这种直接来源于市场和用户的驱动也更加快速、效率更高。

小米内部的工程师、设计师等往往会投入大量时间去浏览小米的论坛，然后根据论坛当中用户的反馈进行产品的更迭和改进。因此，其产品的设计既不是闭门造车的结果，也不是一言堂的结果，而是由用户的集体反馈促成的。而且，从用户处得来的力量能够造成良性的循环——你认真对待用户，用户也能够认真对待你的产品。

互联网思维的重要一点就是用户思维。如果按照传统的企业管理的办法，设计师和工程师做出来的产品还要经过层层的汇报和审批，这样不仅效率极其低下，

而且也不能保证最后的成品是符合市场需要的。而当产品需要改进的时候，还需要经历层层的传达才能够到达设计师和工程师那里，因此最后也未必能够达到改进的应有效果，如图3-9所示。

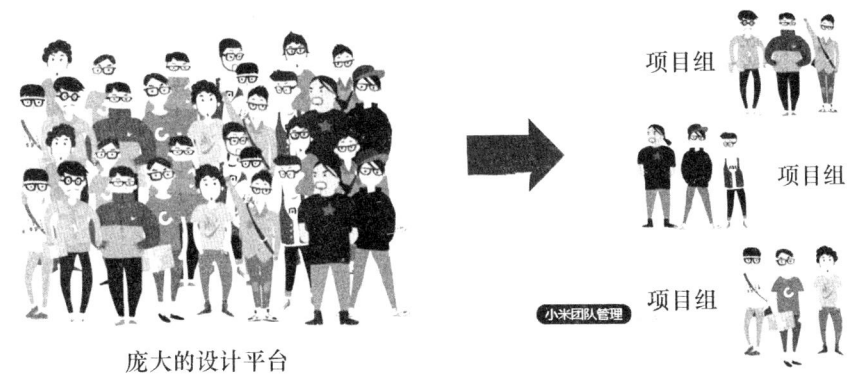

图3-9　小米设计团队的"项目化"改革⑤

因此，小米实行的是尽可能扁平化的组织结果，其研发层的基本结构为3级，依次为员工、核心主管和合伙人。

不仅是互联网企业，传统企业在进行互联网转型的时候，也应该由内而外地进行，先梳理清楚产品的架构和组织的结构。

⇨ 让员工成为粉丝，让粉丝成为员工

"让员工成为粉丝，让粉丝成为员工"，可以说是小米独特的粉丝文化。

为了贯彻其粉丝文化，小米有一套相应的措施。

---

⑤ "项目化"改革：即将庞大的设计团队分成若干项目组

★新员工入职的时候,会收到一台小米的工程机,并需要将其作为日常手机使用;

★小米的员工每月均可以申请几个F码(Friend Code,朋友邀请码),将其分发给自己的亲朋好友,让他们拥有优先购买小米产品的权利;

★从粉丝中选择合适的员工。有些小米的粉丝就是由于体验了小米之家的服务、喜欢小米的产品和运营方式,所以产生了进入小米工作的意愿。

➡ 人比制度重要:让员工发自内心热爱工作

以人为本的管理理念的另一个体现是:**认为人比制度重要,引导员工发自内心地热爱自己的工作。**

随着小米的用户越来越多,各个部门面临的压力也越来越大。与其他企业部门汇报动辄需要整理大量表格、资料的形式不同,小米的管理者更看重的是改进的方案,以及**如何让设计师更有开发的灵感、如何让工程师更精益求精、如何让客服更乐意为用户服务**,等等。

实际上,以上提到的重视员工的利益、让员工成为粉丝等举措,也都是为了让员工能够发自内心地热爱自己的工作,这与其"为发烧而生"的企业理念不谋而合。

➡ 人是环境的孩子:用环境塑造人

小米团队充分意识到人是环境的产物,环境能够在一定程度上塑造员工的行为举止和工作态度,因此,其在工作环境的塑造方面几乎能具体到各个细节(图3-10所示即为小米之家的工作环境)。

图 3-10　小米之家⑥

★小米之家的工作服特别充满活力和青春气息,与别的服务中心面无表情的服务态度不同,小米的工作人员都是面带微笑地为用户服务;

★虽然与其他企业一样,库房是不对外开放的,但由于小米的员工需要经常出入库房,所以库房的设置不仅干净整洁,而且美观大方,库房内既有美观的柜子,也有清新的绿植,还布置了咖啡机和一些摆件。

……

⑥ 图片来源:米柚论坛

美好的环境具有的作用，绝不仅仅是让员工感到身心愉悦，为之提供一种福利而已，在舒适的环境中，员工的工作热情会更加高涨，尤其是换上能够体现自己身份的服装时，一种服务他人的热情也会油然而生。

Part 4

事业合伙人：
职业经理人＋风险共担，
释放组织无限潜能

新时代下的战略管理选择：职业经理人or事业合伙人

"职业经理人"自1814年出现以来，一直是一种极为受人尊重的职业，提及职业经理人便感觉非专业素质强、个人素质高的精英不能胜任。事实也的确如此，在很长一段时间内，职业经理人的受追捧度一直居高不下，尤其是出自世界500强企业的此方面的人才更是备受各种民营企业的青睐。

然而，一晃经年，当初重金难求的职业经理人并未在民营企业发展的舞台上留下浓墨重彩的一笔，他们或许仍在坚守，却因水土不服而苦苦挣扎；或许早已萌生退意而另寻发展。曾经盲目追捧职业经理人的企业家渐渐地被现实泼醒，他们恍然发现，企业的中流砥柱仍然是当初那批跟着自己打江山的"老伙计"，那些原以为特别会"念经"的"外来和尚"却很少能够在企业中沉淀下来，更别提与企业融合了。

那么，何以会出现如此状况呢？是因为职业经理人并没有那么优秀？还是因为民营企业并非伯乐？

➡ "职业" VS "事业"

针对这个问题，我们到职业经理人的"故乡"去一探究竟，或许，我们可以从这项职业的本质之中找到答案。

起源于美国的职业经理人，从本质上来说，依靠的是能力与业绩而非货币资本。其萌生、发展的环境是企业的规范管理体系，这种环境只有当企业发展到一定的阶段才会具备。所以，职业经理人讲究的是职业精神，即英文Profession。对他们来说，专业是第一位的，他们拥有的管理理念、方式方法以及所使用的工具都处于先进水平，这样他们才能够在自己的专业领域里掌控局面、担当重任。

而对于民营企业来说，这种职业精神正是他们所渴求和看重的。民营企业往往都是白手起家，在不断的摸爬滚打中累积到原始资本，接下来不是"战争"的结束，而是进入更大的"战场"，与那些早已成名的领先企业竞争，而此时，以往的小打小闹所依赖的蛮劲已经派不上用场，当真正开始冲锋陷阵时，他们需要先进的"武器"和"谋略"。

职业经理人和职业道路正是这样的"武器"和"谋略"。

然而，不幸的是，民营企业家们看到的仅仅是"职业精神"的基本含义，其所蕴含的那层限定条件却被抛之脑后了。所谓的职业精神与其限定条件——"有限付出""明确边界"——是相辅相成的，只要求对己有利的那一方面又怎能进入良性循环呢？所以，我们看到了"外来和尚"的种种水土不服。

民营企业尚处于起步阶段，唯有不断地快速发展才能抢得一席之地，所以职业经理人参与进来之后会忙得不可开交，几乎是24小时随时待命，人人都如同拼命三郎般地团团转。于是，职业经理人开始觉得不适应，觉得公司

毫无章法。而所谓章法，在他们看来就是明确的职责边界以及合理地安排工作与生活。但是，这在民营企业仅仅只是一种意识，无法实现，甚至都没有这样的意识。

如此一来，矛盾就产生了，又因为产生矛盾的土壤完全不同，所以就显得有些不可调和。东软的创始人刘积仁，在其企业发展了20年之后还以"童年"自喻，而早已滋养出职业经理人的外企又何止是耄耋老人？试问，一个小孩子又如何在需要经年沉淀的领域来与一个老人抗衡呢？

但与此同时，我们又为这些还在蹒跚学步的民营企业的雄心壮志深感欣慰。以世界500强为标杆而奋斗终身，努力在短时间内使中国以世界经济强国的身份屹立于东方，怎一个"拼"字可以囊括？

在越来越现代化和国际化的商场上，民营企业家需要职业精神来武装自己，他们要拿起职业化这把极具杀伤力的"武器"，打一场漂亮的仗。而处于起步发展阶段的民营企业，要想继续发展壮大，就不能仅仅停留在拼"专业"的层面，更要进入拼"事业"的层面，如此才能实现"吃得苦中苦，方为人上人"的目标。

➡ "经理人" VS "合伙人"

因为职业经理人未能在民营企业的领域里大展拳脚，所以之前那种狂热的追捧渐渐冷却。难道曾经叱咤一方的职业经理人群体就这样被放弃了吗？当然不是！民营企业要想发展壮大，必须要重新武装自己，这自然离不了职业经理人的专业与能力。既然两者存在天生的矛盾，那就不要拘泥于矛盾本身，而要另辟蹊径来寻求留住精英的方法。

在这样的情况下，"事业经理人"的概念应运而生，成为民营企业在发展过程中的一根救命稻草。而万科更是提出了"事业合伙人"的概念，并在其公司运营中探索这一制度能否扎根于民营企业，迎来发展的春天。这绝不是简单的文字替换，而是真正地立足于中国的国情，深入思考了经理人与工作、企业之间的关系界定。

我们从民营企业的发展过程中可以发现，那些跟着打"江山"的"老伙计"一直是以一种勤奋与拼搏的状态来工作，因为他们对企业有一种家的归属感，真正做到了视企业为家，所以他们勤奋、拼搏，为了企业能够更好地发展付出自己所有的努力。当然，他们也会有激情退却的时候，当时间渐渐推移，他们或许就会产生小富即安的心态，从而丧失斗志。

而职业经理人的工作状态并不一样，这缘自他们的培养土壤。职业经理人是凭借自身的专业、能力以及能够为企业创造的价值、业绩来立足的。他们选择民营企业，多是被企业家的雄心壮志以及其描绘的事业蓝图所感染，为的是在新的舞台上演绎出新的精彩。然而，这种仅仅与企业家本人存在的关系在短时间内或许会是一种前进的动力，却并不利于长远的发展。

因为，职业经理人对企业没有足够的责任感，也很难产生归属感，这就使得他们在困难面前无法披荆斩棘，反而会退缩，再加上对风险的惧怕，他们就更难施展拳脚，进而丧失对企业的掌控力和影响力。

业界有前辈曾将企业的发展贴切地比喻为攀登珠峰，假如世界500强的企业已经位于珠峰的顶端，而中国的民营企业还处于珠峰的半山腰，艰难地往上爬。关于这两者的差距，柏翔曾在其文章《父与子》中提到过，中国的大型民营企业要想继续发展壮大，借鉴国外先进的发展经验时，不应该学习其当下的模式，而应该学习其50年前的发展模式。

以IBM为例，其百年基业的奠定付出了两代人的努力，老沃森在创办公司时便确定了体现其价值观标准的"行为准则"，这是IBM企业的基本信条；小沃森则在将其发扬光大的过程中，将IBM造就成了一个依靠职业化持续发展的企业。

根据上文所分析的状况，我们可以得出这样的结论：**民营企业要继续发展，创业精神与激情以及职业化进程都必不可少**。因为前者是企业发展的根基和动力，而后者则是企业加速发展的有力武器。所以，民营企业需要的不仅仅是职业经理人的"职业"，更需要他们由衷地产生与企业休戚相关的使命感和责任感。

这，就是"合伙"的意义所在。

职业经理人若要在中国经济的土壤中生根发芽，也需要调整自身以适应大环境，在挑战与机遇并存的民营企业大舞台上演绎出自己的精彩，因为历史的空白在等待着他们去填写。从此，他们不再是守"江山"的"螺丝钉"，而是开拓"疆土"的"企业中枢"。

而我们也要拭目以待，职业经理人这一群体能够真正地扎根于中国，为中国经济的繁荣富强大显身手，创造中国企业的历史！

领导力转型：从"职业经理人"到"内部创业合伙人"

职业经理人就是将经营管理工作当作长期职业，并具备一定职业素养和职业能力，同时掌握企业经营权的人，可以为企业提供相应的经营管理服务，承担法人财产的保值增值责任。一个优秀的职业经理人对企业的发展具有至关重要的作用，职业经理人可以凝聚全体团队成员，共同完成公司的经营目标。

David 是深圳一家外向型模具企业的职业经理人，拥有十几年的工作经验，但是在 2008 年金融危机之后，其就职的企业开始走下坡路，为了能让企业起死回生，企业老板决定将工厂内迁，但是很多员工因为有家人的牵绊都不愿意离开深圳。而 David 作为厂里的骨干，他的去留将成为影响其他员工去留的一个重要因素。

老板找到 David 说："如果你能带头去新迁的工厂的话，工厂一半的员工都会跟过去，如果连你也不去的话，那么工厂大多数人可能都不会去了。"为了稳定工厂的军心，David 最终决定带头去新迁的工厂，在业务和管理都走上正轨之后才回深圳。

David 回到深圳后当上了公司的副总，但是他这个副总干得一点都不顺心，于是他就产生了自己创业的想法。在之前多年的工作中 David 已经积累了一定的资金、行业经验和人脉，同时也了解获取行业信息的渠道，在这些条件的支撑下，2011 年，David 成立了利华成型技术有限公司，主要面向欧美客户，为他们提供模具设计、快速成型、注塑、装配包装和运输等一条龙服务。

在刚开始的两年，David 走过了非常艰难的一段路程，公司只有投入没有产出，而员工需要每个月开工资，工厂也要购买设备和原材料等，这些都是巨额的成本开支，公司的销售业务需要慢慢展开，要实现收益和回报还需要很长的时间。

此时的David才认识到自己当老板和做职业经理人有很大的不同。要想当老板就要承受别人所不能承受的东西。公司在经过了漫长的成长期之后，慢慢步入正轨，但是公司在发展过程中遇到了很多问题：怎样对员工实现授权，将自己从事必躬亲的管理模式中解脱出来；怎样运用规章制度来管理和激励员工；怎样培养中层骨干经理等。

➡ 老板PK职业经理人，痛点何在？

职业经理人在商业领域一直备受关注，职业经理人对企业的经营管理具有重要的意义。但是近来在企业界出现了这样的言论，称公司在遇到风险的时候，职业经理人将难以成为公司的依靠。这一言论在企业界引起了轩然大波，同时也让更多的人开始关注职业经理人这个群体。

老板在经营管理的过程中需要职业经理人的协助，但是真实的情况是两者维持着一种博弈的关系，那么造成这种现象的原因是什么呢？

有研究机构就这一问题专门对职业经理人和企业老板进行了调查和访问，并从中了解到企业老板聘用职业经理人的原因。企业老板在经营管理的过程中，由于规模的扩大和市场环境的变化，亟需一个管理团队来辅助其开展管理工作。

在接受调查和采访的企业中，有24%的企业采用了外聘职业经理人的方式来管理企业，而36%的企业选择在公司内部选拔培养职业经理人，通常情况下，大多数企业是两种方式相结合。在公司内部选拔培养职业经理人的企业认为，人才的增长速度不能满足公司对人才的需求，因此需要在公司内部加强对人才的培养，满足企业的人才需要。在接受调查的企业中，大部分都没有负责企业全面管理的高层。

在调查中还发现，老板在任命职业经理人的时候，最担心的就是不知道怎样管理和激励职业经理人。其中有27%的老板担心职业经理人在离开公司的时候会带走公司的客户，还有25%的老板担心自己悉心培养或重用的职业经理人不能发挥其应有的价值，不能为公司带来实际的效益。

在前几年外贸行业刚兴起的时候，不仅行业的门槛较低，而且需要投入的人工成本也比较低，同时还具有巨大的市场空间和利润增长空间。在这种市场环境下，有很多外贸企业的经理人在公司锻炼了几年之后就自立门户了。

因此，对很多外贸企业的老板来说，他们最担心的就是这种情况，自己辛辛苦苦培养起来的公司骨干，却在羽翼丰满之后离开公司自立门户，不仅成为了自己的竞争对手，同时还违背了基本的商业原则，带走了原本属于公司的客户。而且这种现象在现实的经营管理中是经常出现的，但还没有一个明确的行业规则来规范和约束这种现象。

虽然这种行为已经触犯了法律的相关规定，但是因为取证的困难，很多公司在维权的过程中劳心劳力，因此大多数这样的案件，最终都不了了之，让侵权责任人变得更加嚣张，为所欲为。所以，很多具有职业素养和道德的职业经理人也成为了被殃及的池鱼。很多企业老板一边抱怨员工能力不足，招聘不到合适的职业经理人，一边又不愿意投入成本专门培养企业所需的人才，这是很多企业所面临的发展现状。

同时，职业经理人和企业领导之间还缺乏有效的沟通机制，当自己的意见被老板否决时，超过一半的职业经理人会选择回避的方式，或者放弃自己的意见，

或者将自己的意见深埋心底，而不是直接与老板进行有效的沟通，了解自己意见不被采纳的根本原因。

对职业经理人来说，他们最怕遇到的就是那种没有明确发展目标和战略方向，不能制定明确战略计划的老板，他们希望老板能够与他们在平等的基础上进行真诚的沟通，从而共同推动企业的成长。

➡ 领导力转型

不管是老板还是职业经理人，都需要经历一个成长的过程，在这一过程中，企业的商业环境以及企业自身都在发生着变化，因此他们也应该在这些变化中学会转变自己的领导风格，以适应环境和企业的发展变化。

国内著名的领导力专家徐中认为，从员工发展到 CEO 要经过 7 个层级和 6 次转型。**对于普通员工而言，他们的任务就是进行自我管理；经理层级的任务就是管理团队；老板作为企业的最高领导者，需要明确和制定企业的战略方向和计划，同时还要学会识人和用人。**

一般情况下，企业在成立后的 3～7 年时间里是其生存的"瓶颈期"。很多老板在公司步入发展期后，仍将关注的重点放在销售和生产等具体的事务性工作上，忽视了企业的战略以及人才问题，这样的管理容易使公司陷入混乱的局面，因此老板在公司不同的发展时期应该学会转变领导力。

领导力转型主要体现在 4 个方面：时间管理、领导技能、工作理念和价值观，如图 4-1 所示。而时间是一个老板最宝贵的资源，只有合理利用时间才能让其发挥更大的价值，通用电器的 CEO 伊梅尔特就将其 30%～40% 的工作时间专门用于培养员工，并跟员工进行有效的沟通。

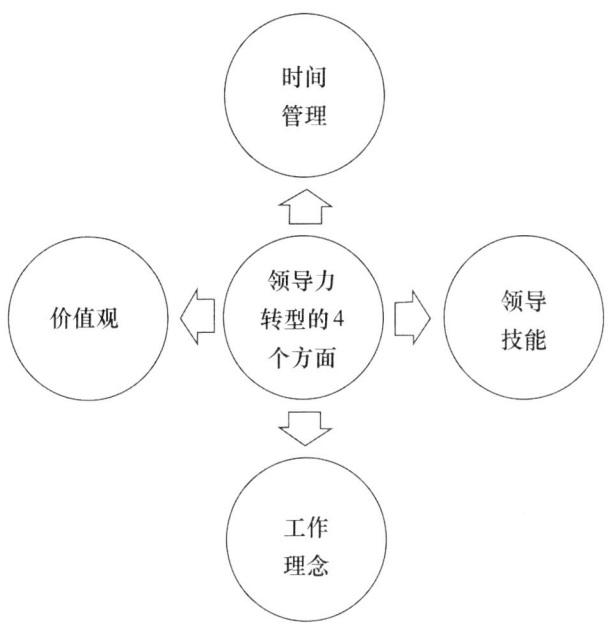

图 4-1　领导力转型的 4 个方面

著名管理大师拉姆·查兰（Ram Charan）曾经指出，**一个成功的领导者最重要的能力是培养优秀的领导人才，并打造企业运作的核心团队。**

老板在企业的经营管理中，应该学会识人和用人，投入人力资源成本为企业培养各级领导人才，并利用好这些培养起来的人才，让他们在各自岗位上充分发挥自己的价值，建立一支具有较高素养和技能的领导团队。在任何一个公司，都会有一些学习能力比较强、善于抓住机会、具有全局性思维的员工，老板要在管理中发现和挖掘有潜力的员工，并对之进行重点培养。

企业老板想要打造一支专业技能比较出色、战斗力较强的员工团队，首先要与员工建立一种相互信任的关系；其次要学会辨识人才和利用人才；最后要对员工进行授权，让员工能够在工作中积极发挥主观能动性，为企业的生产管理做出贡献。

我们所生活的时代瞬息万变，企业面临的生存环境也日益艰难，一家企业领导者的成功不再是个人的成功和魅力，而是他所打造的团队。在团队打造的过程中，老板需要以身作则，为员工做好模范带头作用，同时还要关注每一位团队成员的成长，及时帮助他们改正不正确的观念和态度，增强团队的凝聚力。此外，老板还应该在公司内部建立完善的对话机制，增强经理人对公司的忠诚度，激发他们的工作热情，营造良好的团队氛围。

内部创业合伙人

老板在经营管理中所使用的激励手段就是为了激发员工的工作热情，让每一个员工可以在自己的职位上充分发挥自己的主观能动性。

随着时间的推移，85后90后走向职场，成为职场中的经理人，与其他年龄段的职业经理人相比，他们的生长环境和接受的教育都有很大的不同，因此他们在职场中也会有不同的需求，他们更希望能在工作中找到自己的存在感，获得领导的关注和鼓励，在工作中实现自己的价值。因此，企业老板应该关注这一代经理人的成长，了解他们内心真正的需求，并有针对性地对员工进行激励。

2015年1月4日，国务院总理李克强来到深圳柴火创客空间考虑，亲身体验了年轻创客们的创意产品，让更多有创业梦想的经理人增强了创业的信心，再加上投资机构和政府的支持和推动，越来越多的人走上了创业的道路。

几乎每个人心中都装着一个创业的梦想，但是真正将梦想付诸实践的人少之又少，在完全没有庇护的情况下进行创业，是一个从零开始的过程，创业成功的希望非常渺茫，而且随着市场经济的发展，市场各项规范和制度更加完善，行业的门槛也变得越来越高，企业之间的竞争也日益激烈。

2000年，深圳华为技术有限公司建立了员工内部创业制度，为员工的创业提供了更多的保障。这种创业制度将职业经理人和企业绑在了一起，使之共同承担风险，分享成果。

对于成长型企业来说，老板不用担心经理人会出走创业，可以通过给予其一定股份或者鼓励其内部创业的方式将他们留在公司，跟公司一起成长。

鼓励员工开展内部创业对企业来说是百利无一害，不仅可以帮助企业留住人才，同时也可以促进企业快速成长，为企业开辟更多的发展途径。鼓励员工进行内部创业可以专门在公司内部成立一个新产品开发小组，也可以让内部创业的各业务部门独立核算，或者可以在公司外部成立一个衍生的合资公司，对员工的创业项目进行开发或收购。

对员工而言，在公司内部进行创业，可以充分利用公司积累的资源，提高创业成功的概率。华为作为一家生产销售通信设备的民营通信科技公司，虽然没有上市，但是大多数员工都是公司的股东，员工团队具有较强的凝聚力，这就是员工内部创业的一个典型案例。

有创业梦想的经理人在工作中常常站在老板的角度思考问题和做事情，因此相对于其他员工，他们更加积极，并且也有较高的工作效率。在对一家手机配件厂商的员工进行调查的时候发现，有七成以上的员工表示其梦想是回家乡创业。为此，企业老板专门为员工制定了一个"圆梦计划"，进入公司满一年的员工，就有资格成为公司的代理商，公司会给他们提供资源、资金以及营销等方面的支持，帮助他们实现创业的梦想。

David在自立门户之后也遇到了企业老板普遍遇到的一些问题，同时他还认识到现在公司的员工不管是在性格、价值观还是年龄结构等方面跟以前的员

工都有很大的不同。他希望能够找到能脚踏实地,并且期望在模具领域有一番作为的经理人,他愿意为他们提供公司的股份,让他们与公司共成长、共进退。

为此,他每天都积极地招聘人才,在招到合适的员工之后对他们进行悉心培养,他认为只有这样才能找到最合适的合伙人,哪怕这位员工将来离开公司,也会在其他公司成为骨干或开创自己的一片天地,但是他在公司的成长经历是他终生不会忘的,对公司来说,他将成为一个可靠的合作伙伴。

从迈克尔·波特五力模型辨析:"事业合伙人"的概念

"合伙人"这个概念近年来频繁出现在我们的视野中,无论是在电影《中国合伙人》中提及的,还是法律意义上的合伙人,亦或是已经应用到企业的运营中的合伙人。那么,该怎样理解"事业合伙人"这个概念呢?

互联网思维正浩浩荡荡地进军各个领域,之前一直采用"事业部"制的企业也开始采取一些措施来带动员工的积极性,这种方式可不可以理解为"事业合伙人"呢?

➡ "事业部"制与"事业合伙人"

"事业部"这个概念出自于阿尔弗雷德·斯隆(Alfred P. Sloan,1875~1966),他在担任通用汽车公司总裁时将这个模式应用到企业运营过程中,后来,阿尔弗雷德·斯隆完成了《我在通用汽车的岁月》,这本书记录了他的昔日经历。那时的通用汽车公司在他的带领下分成5个分厂,每个分厂负责某种汽车的生产,这种方式有效激发了各个分厂的积极性,而总部的中心办事处对分厂进行统一掌控和协调。

中心办事处的运营团队包括大量的金融专业人士，负责企业整体的管理和运作。通用汽车于20世纪30年代赶超福特居汽车行业榜首，阿尔弗雷德·斯隆于20世纪40年代中期离职，那时的通用汽车迎来了发展黄金期。

除了通用汽车之外，很多美国公司陆续将"事业部"制应用到自身的运营中，杜邦就是其中之一。所谓"事业部"制，是指根据产品的种类或者不同的地域将企业分成几个组成部分进行独立的生产经营活动，常见的划分依据有3种：按产品种类划分（产品主导型）、按市场位置划分（区域主导型）、按客户群体划分（客户主导型）。

阿尔弗雷德·斯隆创立的事业部制中，各运营单位具有相对独立的特点并能够自主决策，而中心办事处又集中控制，相互协调。这种模式的关键之处在于由总部的决策委员会来制定总体的发展规划，而具体的实施环节则根据各单位的具体情况和不同分工来进行，各单位的选择空间比较大。运营指导委员会负责决策委员会和各经营单位之间的沟通和协调，负责运营指导工作的，既有决策委员会的成员，也有各经营单位的管理者。

除此之外，企业中还设有财务委员会负责处理公司在财务方面的问题，为了保证公平性，避免出现对某一方的偏袒，财务委员会的成员构成中以外部董事为主，这样就能保证资本的充分利用，并能有效防止投资方向脱离企业的总体规划。拨款委员会负责制订公司的投资计划并处理相关问题，其最终决策权在阿尔弗雷德·斯隆手中。

所以说，阿尔弗雷德·斯隆创立的"事业部"制并不仅仅指下放总部的权力，事实上，企业在经营过程中并没有对下属部门放任不管，相反，还提高了管控的针对性、细化了总体的掌控权。

企业总负责人对公司的投资数额、资金规模、产品存储，还有经营过程中

的商品生产、营销以及最终取得的效果都能做到心中有数。阿尔弗雷德·斯隆认为这样做非常有必要,为此,他采取了很多预测方法来提高预测的精准程度。不过,斯隆自己也知道预测不可能百分之百准确,所以他在下决定时会掌握好灵活性,以根据实际情况的变化进行补救或完善。

斯隆的"事业部"制度与之前大多数企业采用的传统的总部集权方式相比有很多优势,这些优势通过许多企业的经营实践得到了证明。"事业部"制中设有事业部总经理(事业部 CEO),与之前的负责人相比,事业部总经理在具体的运营管理和政策实践过程中拥有的权力范围更广阔,不仅如此,事业部总经理还能参与到政策制订和资源分配环节中,甚至享有一定的决策权力。而现在的"事业合伙人"制度,"事业合伙人"不仅可以对自己所负责的经营单位进行运营管理,还可以获知投资资金来源的具体组成情况,享有更多的治理结构中的决策权力,不仅如此,其还能享有更多的业绩直接收益以及股权间接收益等。

如果说"事业部"制的功能在于带动"职业经理人"的积极性,那么当前的"事业合伙人"则称得上是"事业"意义上的"合伙人"。我们可以从表 4-1 中明确总部集权、事业部、事业合作人 3 种组织结构的区别。

表 4-1 3 种组织结构对比:总部集权、事业部、事业合伙人[①]

对比内容	3种结构		
	总部集权	事业部	事业合伙人
运营管理授权程度	低	较高	最高
投资资金来源的比例	无	无或低	较高
治理结构中决策权力的拥有情况	无	无或低(以某种管理委员会成员的角色出现,往往不在董监高的治理结构中拥有席位)	较高(拥有股东、董事等席位)
业绩直接收益的分享力度	无	较高	最高
股权间接收益的分享力度	无	无或低	较高

---

① 资料来源:AMT 咨询

某公司现在采用的是"总部集权"的经营方式,但该公司接下来想要采用"事业部"结构,而且想把"事业合伙人"应用到负责人的组成结构中,这样的改革能够实现吗?在现实中也有走这种发展之路的企业,图4-2向我们展示了不同的企业在优化机制、激发活力方面处在不同阶段的可能。

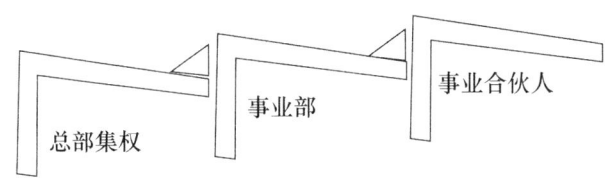

图4-2 不同的企业在优化机制、激发活力方面处在不同的实践阶段上

所以,从"事业合伙人"与"总部集权"、"事业部"两者的区别及现状出发,可以这样理解事业合伙人的概念:

> 某个公司或企业根据自己的特点和所处的发展阶段,努力完善自己的结构组织,提高员工的积极性,使运营团队在承担更多责任的同时能够获得更多的收益,该公司或企业所采取的这种举动就是事业合伙人制度。即使都运用"事业合伙人",不同企业因为各自的具体情况不同,在实践中运用的机制组成、授予权力的大小以及采用的鼓励手段都会不一样。

不过,假如可以把企业在不同阶段所采取的行动措施都看作是"事业合伙人"的不同实践,就能够根据具体情况的不同来理解"事业合伙人"的概念。

虽然各自采取的方法和手段有所不同,但许多企业纷纷将"事业合伙人"

运用到实践中，原因是什么呢？图4-3为我们列举了企业采用"事业合伙人"体系在短期内能看到的价值和长远的意义与价值：

短期内能看到的价值	长远的意义和价值
配合集团业务与组织的变革	优化机制，激发活力
有助于实现年度业绩目标	保障集团核心人员的稳定性
提升决策效率与准确性	自下而上：通过合伙团队的"发动机"以及"复制"来自下而上地驱动集团发展
合伙人个人收入更合理	自上而下：从内部选择并优胜劣汰出与集团要求匹配的合伙人群体，从而使集团战略意志更好地自上而下地得到贯彻和满足

图4-3 企业期望从"事业合伙人"的组织结构获得的短期价值和中长期价值[②]

---

② 资料来源：AMT咨询

波特五力模型与"事业合伙人"的关联辨析

20世纪80年代,哈佛商学院教授迈克尔·波特(Michael Porter)创立了波特五力模型。该模型显示,一个行业中有5种力量:**进入壁垒**、**替代品威胁**、**买方议价能力**、**卖方议价能力**、**现存竞争者之间的竞争**,该行业的竞争规模和竞争程度都取决于这5种力量的共同作用,某产业是否具有吸引力也主要在于这5种力量的大小。波特五力模型如图4-4所示。

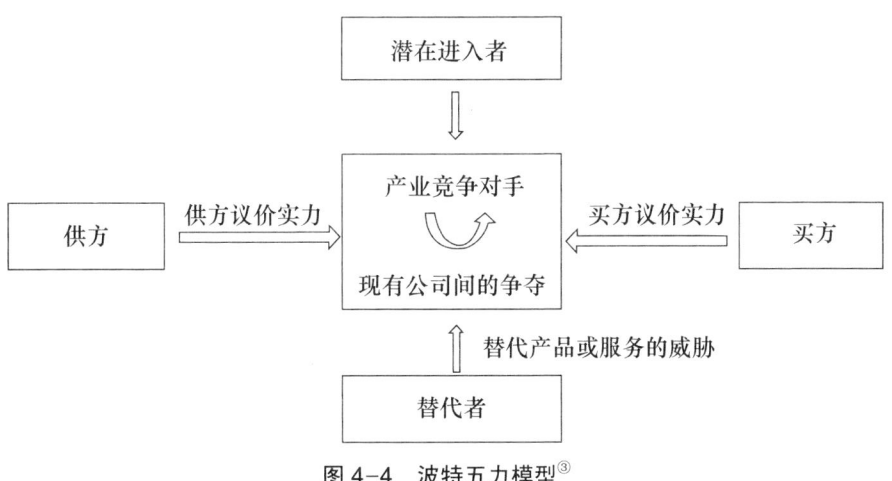

图4-4 波特五力模型[3]

如果从事业合伙人的立场来看待这个问题,要从5个关系层面来进行分析:事业合伙人与企业总部、企业的核心经理、客户、分包伙伴以及社区之间应当维持一种什么样的关系状态?处理与他们之间的关系时,事业合伙人应当努力地与他们保持协调一致还是要提高针对性,着重于某一方面的发展和完善呢?

"波特五力模型"可以为人们分析市场是否具有吸引力和有多大的吸引力提

---
[3] 图片来源:创业邦

供明确的参考。多数人都以为模型中的 5 种力量是从总体经济层面来讲的,但在迈克尔·波特看来,这 5 种力量立足的是个体经济。这 5 种力量的构成要素与公司的客户和公司所获得的利润紧密相关,5 种力量中的任何一种力量发生变化都会影响企业整体的发展,可能对企业产生积极的促进作用,使其打入市场,提高竞争力,也可能带来消极的作用,使公司惨遭市场的淘汰。

采用"事业合伙人模型"(如图 4-5 所示)是为了把"事业合伙人"概念落实到企业的经营中,将事业合伙人与 5 个因素的关系更加明确地呈现出来,这样,"事业合伙人"掌控的权力和负责的工作也会更加具体翔实,在处理与他们之间的关系时也能更加有条不紊。

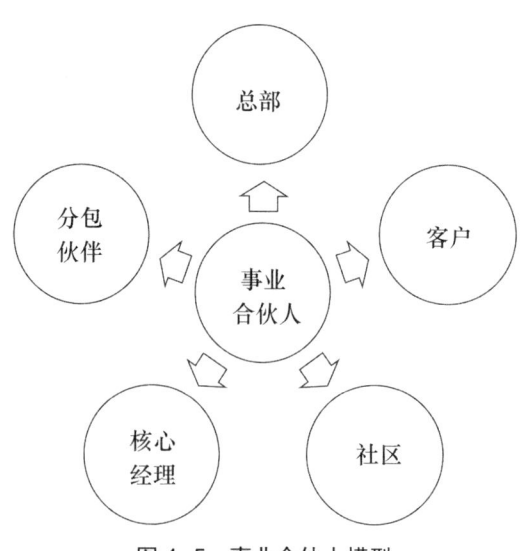

图 4-5　事业合伙人模型

(1)事业合伙人与总部的关系

"事业合伙人"和"总部"是相对而言的,前面我们分析了"事业合伙人"和"总部集权"以及"事业部"之间的区别和关系,从事业合伙人与总部的关系中可以看出,企业采用的经营方式能否有效促进企业的发展、激发员工的积极性。事业合伙人与总部的关系与传统模式中的职业经理人与总部的关系相比会产生什么样的新变化,会直接影响到企业在向事业合伙人模式过渡时所采取的手段的力度。

(2) 事业合伙人与客户及分包伙伴的关系

企业在改革自身的框架体系或者采用新的经营模式时都需要考虑用户的需求,如果改革后的企业无法成功吸引客户的注意,不能为企业增加盈利,那只能说明改革并不成功。

与企业总部需要进行整体的把控不同的是,事业合伙人下属的运营团队需要与客户进行面对面的交流和互动并满足客户的需求,在将事业合伙人的制度运用到企业结构组织中后,企业与客户的交流及互动方面有什么新的变化呢?立足于全局,事业合伙人下属的团队在为客户服务时应该注意些什么、有哪些需要规避的呢?哪些工作需要总部去亲自处理,哪些比较适合由合作伙伴来协同完成?由合作伙伴完成比总部亲自去处理有哪些优势,又会有哪些问题?事业合伙人与分包伙伴的关系应该维持在怎样的状态才对企业整体最有利?这些问题都需要考虑。

事业合伙人与总部的关系、与客户及分包伙伴的关系会影响到企业的价值创造和交付,除此之外,对价值链上的合作也会产生很大的影响。如果事业合伙人与两者的关系能够维持在良好的状态,就能使其下属的运营团队在与客户交流互动时处于优势地位,否则,会处于劣势地位。

(3) 事业合伙人与核心经理的关系

可以对照事业合伙人与客户及分包伙伴的关系来理解事业合伙人与核心经理的关系。如果把前者的关系看作价值链的前端与后端的关系,则后者的关系

可以理解为企业中上下层之间的关系，这种关系同事业合伙人与总部的关系一样，都是从纵向的角度来理解的。

事业合伙人负责处理企业的核心工作，他们掌握着专业的理论知识，有丰富的实践经验，他们对企业的生产资料有很大的控制权，并逐渐趋向于和企业总部共同承担运营风险，同时也能在经营中获取更多的利益。同样，对于企业核心经理来说，事业合伙人是他们的上司，而核心经理手中往往掌握着企业运营的核心技术，或者是能够促进商品的营销，又或者凭借自己的专业知识和技能控制着企业的生产资料。如此说来，事业合伙人从总部的结构组织中得来的带动企业发展、提高员工积极性的经营模式，是否应该传授给发挥重要作用的核心经理呢？

（4）事业合伙人与社区之间的关系

在采用事业合伙人模式之前，由企业总部与政府、监管部门、相关组织、协会及社团等打交道，为了处理好与这些机构及组织的关系，企业内部设立了很多专业部门（例如公关部、政府事务部门、公益部门、内部环保部门等），这样做的结果是总部的总体规模很大而且耗费了大量成本，采用事业合伙人模式后，合伙人需要根据具体情况，比如所在的区域、企业主营的产品种类等，充分使用自己的权力，进行灵活的调整，以便更好地处理好与各方面的关系。

很明显，合伙人与各个层面的关系都会对企业的整体发展产生重大的影响，处理得好会促进企业发展，处理得不好则会增加企业运营的风险。怎样从五力模型来理解事业合伙人呢？我认为可以归结为以下3方面。

★ 五力模型中的"买方"

"事业合伙人"模型中的客户如同五力模型中的"买方"，只是对一些像淘宝那样的平台企业来说，到平台上选购商品的消费者和在平台上开网店的卖家一样，都是企业的客户，假如平台企业将负责某类商品的员工看作是企业的事业合伙人（比如负责化妆品市场的员工），那么事业合伙人的客户就是指那些在平台购买化妆品的消费者或者是销售方，或者是其他进行信息咨询的用户。五力模型中的价值流动仅仅是从客户到供应商，而采用事业合伙人的平台类企业则不同，其客户不单指一方。

★五力模型中的"供方"

与五力模型中的供方相对应的，既可以是事业合伙人中的某种分包伙伴，也可以是某种客户。

★五力模型中的"潜在进入者"、"替代品"、"现有竞争对手"

无论是潜在进入者、替代品还是现有竞争对手之间都存在竞争，但是事业合伙人在处理与各个方面的关系时比较注重客户的需求，而不会过于针对竞争对手。企业在不断完善与客户之间的关系同时，应调整好事业合伙人同企业总部、核心经理、分包伙伴以及社区等各层面的关系，以降低企业的运营成本，提高运作效率，同时为客户提供满意的服务，通过灵活运用事业合伙人模式来提高企业的综合能力，使企业在激烈的竞争中处于优势地位。

老板电器的转型：经营权下放，推出"千人合伙人计划"

鼓励核心雇员购买公司股份或者进行内部创业的合伙人制度开始在各大企业中悄然流行起来，在房地产、广告策划、评估、教育、电器等行业都有出现，其中也不乏成功的样本。很多企业希望能够通过合伙人制度在企业内部建立起多层级的长效激励机制,以促进企业的发展,实现更多盈利。

2014年6月,国内最大的厨房电器厂商老板电器(如图4-6所示)也加入了合伙人行列,在全国的各个分支机构逐步推行"千人合伙人计划",选派公司高管到各地分公司进行股份制改造,公司高管通过出资购买股份的方式变身为公司的合伙人,与原公司共同拥有并经营当地公司。

图4-6　老板电器官网[④]

这种方式把原来由个人代理独家经营的代理公司转变为股份公司,被选派的公司高管享有该公司的利润,同时承担经营风险。该计划可以分为两个层次,如图4-7所示。

---

④ 图片来源:老板电器官网截图

事业合伙人：职业经理人＋风险共担，释放组织无限潜能

```
┌─────────────────────┐
│   第一层次          │
└─────────────────────┘
• 在分公司内部进行
  股份制改造

┌─────────────────────┐
│   第二层次          │
└─────────────────────┘
• 由分公司与合伙人共同
  持股成立子公司
```

图 4-7　老板电器"千人合伙人计划"的两个层次

　　首先在分公司内部进行股份制改造，授予该公司的核心高管一级代理分公司股权，允许高管入股经营所在公司，变身为该公司的合伙人；如果有高管展示出了强悍的市场开拓能力和承担风险的意愿，就可以进入到第二个层次，由分公司与合伙人共同持股成立子公司，共同经营开发新的细分市场，实现渠道的迅速下沉。

　　经过一年多的努力，老板电器已经在 10 个细分市场实现了这种创新型的区域性变革，已经有 300 多名高管参与了一级代理公司层面的股份改造，未来随着这一变革向更广阔的市场范围推广，将会有更多的高管参与进来变身为企业的合伙人，如果再算上子公司高管团队，老板集团现有的事业合伙人规模已经达到了 560 人，按照老板的改造计划，未来 3 年内这个数字将增长至 1 000 人。

高管变身

　　1979 年改革开放刚刚开始的时候，几位创始人依靠基础的劳动工具创办了老板电器的前身——余杭县红星五金厂，到 1988 年注册下"老板"商标时，老板电器仍然是一家村办集体企业，直到 1999 年老板电器经历了第一次体制改革，

才变身为一家民营企业,并开始了二次创业。

老板集团的现任副总裁赵继宏在这一年加入了这家公司,并且在2001年提出了职业经理人制度,通过权力下放将职业经理人与代理公司合二为一,建立起核销体制下的分公司专卖店直控体制,淘汰了从前的年薪制。这一模式实施之后,老板集团总部与散落在各地的分公司之间开始有了明确的利润分配,高管层的工作积极性得到了有效提高。

2008年,老板电器为了筹备上市开始了又一次改造,这次改造主要针对公司的内部结构,当时公司组织了一个跨部门的改造小组,通过不断地讨论和研究,终于于2010年完成了这次内部改造,成功上市。

2013年底,老板电器的内部改造进一步深化,推出了股权激励计划,要求未来3年内公司净利润的增长率逐渐增加,2014年和2015年分别达到30%和65%,到2016年,达到110%,实现利润翻番。迄今为止,该计划实施得非常顺利,2014年,老板电器的营业收入同比增长35.24%,其中归属于母公司所有者的利润为5.74亿元,增长率高达48.95%,远远超过了其30%的计划目标。

2014年6月,随着老板电器千人合伙人制度在全国市场范围内的推行,老板天津分公司增加了11个股东,这家独资公司变成了原老板刘致群与11个新股东共同持股的股份公司。公司完成股份制改造之后,刘致群开始为张家口分公司挑选合适的合伙人。在合伙人制度下,如何找到最合适的合伙人是企业能否取得成功的关键。具体而言,合伙人的工作能力、经验、工作技能、对公司的忠诚度等都是考量的重要标尺。

企业推行股权激励的根本目的是为了留住核心团队,但是企业的激励模式不应该只停留在单纯的股权分配,更需要尊重核心员工,为其提供一个发展的平台，让核心员工可以与企业一起发展，共享利润，同担风险。如果做不到对员工的尊重，即使实施了股权分配也无法避免员工的流失。

像刘致群这样的企业管理者还有很多，他们原本拥有自己的独资公司，然而随着公司层层深化的股份激励改革的不断推行，他们必须要接受新的合伙人，并且将原本属于自己的市场重新进行划分，他们是否愿意买账呢？

其实，以刘致群为代表的一级代理公司所有者并不抵触公司的股份激励改革。他们在多年的经营中已经取得了丰厚的收益，对他们而言，现在最重要的是如何继续做大市场蛋糕，而不是计较眼前的既有利益得失，况且新拆分出来的市场仍然保留有最高49%的股份给原来的代理，所以他们与老板总公司之间不存在大的分歧。

在日益激烈的市场竞争中，要想占领更多的市场份额，就必须迅速实现渠道下沉；要实现渠道下沉，最有效的方案就是鼓励员工进行内部创业；而鼓励员工内部创业就不得不依靠切实可行的激励措施。年轻员工的流失率居高不下，已经成为阻碍公司发展的主要问题之一，千人合伙人计划的实施，有利于为公司留住更多的人才，建立稳定的管理团队。

➡ 利益捆绑

鼓励员工进行内部创业、将公司高级管理人员转变为事业合伙人的合伙人制度已经在国内的民营企业中遍地开花，成为近几年最流行的一种企业管理模式。在具体的执行过程中，不同的企业采取的具体措施不尽相同，比如同为房地产企业代表的万科和绿地，前者推行的合伙人制度完全复制了阿里巴巴的"小股操盘"模式，而后者则采取了更为传统的"大股控盘"。

事业合伙人制度之所以会受到众多企业的欢迎，是因为这项制度确实有助于加强管理层和投资者之间的信任，进而激活公司内部员工对于利润的期待，激发员工的创业热情，从而使其创造出更多的价值，更好地实现自我激励和快速成长，同时获取更多的利益回报。但这一制度是否真的能够实现这样的效果，关键在于投资者和管理层之间的利益捆绑方式是否合理。

关于这一点，老板电器的做法无疑是卓有成效的。老板电器为了将管理层和投资者之间的利益捆绑在一起，规定新建的公司必须由合伙人与原所属公司共同投资，在老板的理念中，精神与物质层面必须都硬，才能确保经销商、企业与合伙人保持稳定的利益共同体关系。在合伙人制度下，依靠流程、绩效等无法解决的部门协同问题迎刃而解，合伙人与股东的利益一致，所以才能够同进同退，互相信任，形成健康的组织形式。图4-8所示为老板电器选择合伙人的3个重要指标。

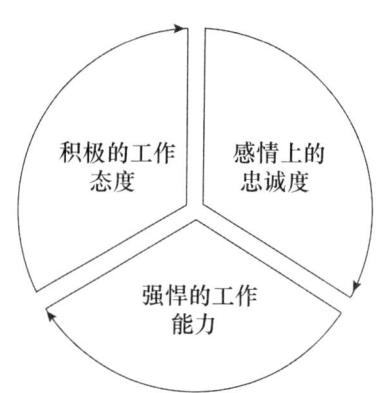

图4-8　老板电器选择合伙人的3个重要指标

感情上的忠诚度是合伙人必备的品质，它比单纯的利益捆绑要可靠得多，这是已被无数企业的真实经历证明了的一条真理。阿里巴巴曾为了寻求更好的发展舍弃了原本的合伙人制度外聘职业经理人，最后发现外聘的职业经理人远远不如企业自身培养的人才忠诚，最终也没能留住这些外聘的人才。

出于对这个因素的考量，老板电器的合伙人全部从公司内部选择——必须是在老板工作3年以上的一线员工，不仅仅合伙人是老板内部的员工，老板所有的一级代理商也全部来源于老板总部曾经的骨干员工，他们建立新公司时的资金除了自筹部分外，剩下的也全部来源于老板总部。可以说，老板的集团体系里没有一个外人。

除了忠诚度之外，强悍的工作能力和积极的工作态度也是合伙人必须具备的品质，所以，老板将股权激励制度与合伙人的业绩密切关联在了一起，以保持创业团队不断进取的状态。关于这一点，腾讯是最具发言权的企业之一。

1998年，马化腾刚刚开始创业的时候，创业团队总共有5个人。2005年，腾讯成长为中国最大的即时通信服务商，初始的5人创业团队仍然保持从前的合作方式。到2015年，腾讯最初的5个创业者还有4个奋斗在公司的一线。腾讯的创业团队之所以如此稳定，是因为腾讯的合伙人机制将个人贡献与股份分配关联在了一起，如果某个合伙人的工作成绩不足以匹配他获得的股份，就会被替换，调离原来的位置。

在合伙人制度下，公司的管理团队必须是一个健康稳定的组织，而不是要求人员必须固定。管理人员必须表现出与其职位匹配的能力，不然就容易发生矛盾，不合格的合伙人应该被调换到其能胜任的岗位，空出的职位由有能力的新人补齐，这样才能保持整个团队的活力。

合伙人制：
颠覆传统组织架构的管理新思维

万科事业合伙人：白银时代，万科实现转型升级的核心战略

让企业员工获得稳定的物质利益是团结员工的根本方法，所谓的精神凝聚力量，只在短期内有效。万科集团的合伙人制度，解决了企业部门之间的分歧，这个问题曾长期存在于企业发展中，有些企业尝试过运用绩效互评或财务审计来解决这个问题，但最终都以失败告终。

而万科的合伙人制度为这个问题的解决做出了典范，它使企业各个部门为了共同的利益和目标团结在一起，向共同的方向努力。

万科集团在南沙市的南方公元投资项目就是一个极其成功的例子。该项目是广州万科公司做的第一项跟投项目，该项目以其约7倍的认购率成为目前为止认购率最高的项目。南方公元项目的开盘时间是2014年"十一"，仅用了15天就销售了总共356套房中的326套，其去化率高达91%以上，让人叹为观止。

万科集团的合伙人制度将股东与合伙人的利益捆绑在一起，只有这样，合伙人才能和股东真正联合在一起。在利益的驱动下，合伙人不能谋求私利，也必须从宏观的角度出发，把眼光放长远，公司在这样的良性合作中会被充分带动起来，不断进步。

万科集团的第一个跟投项目实施后，楼市发生了翻天覆地的改变。究其原因，正如该项目的负责人杨其深所说，与其他行业不同，房地产行业的各个部门之间的关联性相对小一些，楼房设计、工程实施、房产销售等各部门之间独立运作，他们在制订方案时只从自己的角度出发而不顾及全局和整体，各部门之间缺乏有效的沟通合作。

但在现实中，这些部门之间的联系是非常紧密的，假如设计部门一味追求美观而不顾及工程所用材料的成本，就会导致在材料购买环节中所用的时间过长而在预定的工期内无法完成施工，最终的结果是楼盘无法在预定时间上市。

但是谁都不愿意承担这样的后果，于是各个部门都极力推脱责任。该项目的实施把部门之间的合作性和主动性调动了起来，将各个分散的个体统筹为一个紧密的整体。

跟投规则：投多少，谁能投？

合伙人制度的实施让合伙人和股东成为利益相关的两方，一荣俱荣，一损俱损，将两方捆绑在了一起。这对公司运作效率的提高和进一步的发展完善来说具有立竿见影的效果。因为个人利益与集体利益紧密相关，只有企业真正得到发展，个人才能从中获得益处。谋求私利而损害企业发展的行为是不可能出现的。

那么，跟投项目实际是怎么操作的呢？万科集团的跟投制度规定，集团内部人员的跟投份额上限是项目资金峰值的 5%，这个上限标准也是公司对跟投项目额外受让跟投的投资总额上限。一线公司的项目跟投者有权在 18 个月的期限内以人民银行同期同档次贷款基础利率支付利息额外受让这个份额。

这个制度还规定，一线公司的项目负责人和管理层的工作者一定要跟投自己公司的跟投项目。图4-9清晰地标注了不同员工应该为项目所付出的行动：

必须跟投人员	限制参与人员	自愿参与人员
项目所在一线公司管理层和该项目管理人员	公司董事、监事、高级管理人员	其他员工

图4-9 万科集团的跟投规则

➡ 跟投制度带来巨大变化：团队被激活（如图4-10所示）

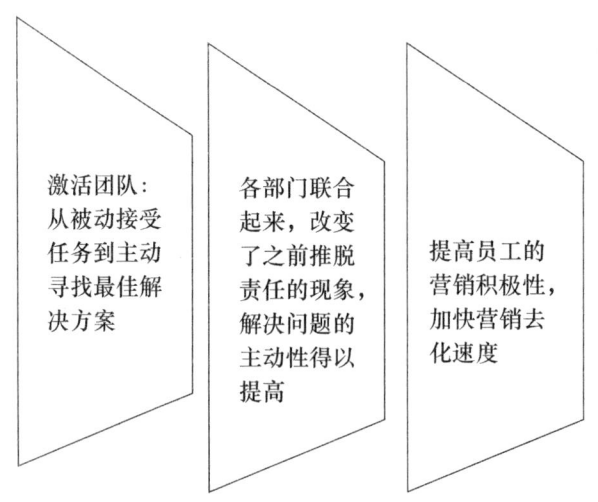

图4-10 跟投制度带来的3点变化

（1）激活团队：从被动接受任务到主动寻找最佳解决方案

项目所在公司的内部人员参与到项目的跟投，让公司的运营效率得到了极大的提高。以前，员工们都是被动地等待公司下达任务，以完成任务为目标；

现在，员工们在遇到问题后会积极寻找最佳解决方案。

能很好地说明这一点的是，有一次开盘前示范区接到公司下达的任务——修建一条到达售楼处的便捷之路。在解决问题的过程中，参与者进行了充分的商讨。最后把修建一条简单的路扩展为在路边搭建雕塑等景致，布置成与这条路和谐的休憩公园，并且还在路边新增了一个游泳池。

除了需要与政府部门协商，与居民达成一致之外，该项目并没有增加太多的环节和工作难度，也没有在修建成本上超出预算，只是方案通过后需要在短时间内交出完整的计划图样，时间比较紧迫。最终，这条路扩展成3万多平米的示范区，这也是迄今为止广州最大的示范区。这个项目获得了业界的一致好评，成为了示范项目。

项目最终取得了超出最初计划的效果，这也是跟投制度实施的功劳。

（2）各部门联合起来，改变了之前推脱责任的现象，解决问题的主动性得以提高

南方公元在建设过程中运用沥青玻纤瓦的方案体现了之前相互之间相对独立的设计部、材料采购部和工程实施部之间的合作。在新的方案制订前，房地产行业都采用水泥瓦来完成工程建设。虽然这是企业普遍采用的方法，但这种方法具有明显的缺陷。一方面，水泥瓦的质量不高，而且作为工程材料的成本高；另一方面，该项目要求在短时间内竣工，但是用水泥瓦来建筑公园，无法突破劳动力因素的制约，不能大幅度提高工程建设速度。此外，用水泥瓦不能保证工程质量，而且不排除出现安全问题的可能。这些都是采用传统方案的不足之处。

合伙人制：
颠覆传统组织架构的管理新思维

跟投制度实施后，设计部门在提出水泥瓦的问题后，材料采购和工程施工等部门主动出谋划策。因为采用的斜屋面与外国的斜屋面独栋家居建设具有共同之处，项目参与人员由此想到从国外采用的建筑材料中寻找突破口。

这个方向最终被证明是正确的。在外国的建筑中比较普及的是用沥青玻纤瓦作为材料，这种材料并不需要像用水泥瓦修建那样费力，不但能够成为水泥瓦的替代品，而且降低了2/3的成本。

采购部门在方案推出后即刻去寻找这种材料，为了确保安全性和质量，还去实地考察这种材料在楼房建筑中的安全性。在经过仔细分析和调查后，项目采用了新的方案，该方案不仅降低了成本，保证了工程的质量，也能够在规定的时间内完成工程建设目标，为工程的顺利开展奠定了牢固的基础。

（3）提高员工的营销积极性，加快营销去化速度

项目跟投制度在营销过程中的巨大带动作用尤为突出。据万科公司内部人员反映，在项目跟投制度实施之前，员工们也会在闲聊的过程中提及企业商品的营销，但绝大多数人只是口头涉及，在实际中并不会去做什么，他们理所当然地认为这应由销售部门负责。

跟投制度实施后情况发生了巨大的改变，销售状况与自身的利益直接挂钩，这让员工有意识地在产品销售中发挥能动性，企业产品的销售情况成了每个员工都时时关注的话题。

在南方公元项目的营销中，项目参与人员会通过各种各样的方式来宣传推

广这个项目。比如，有员工把项目有关信息分享到微信朋友圈，与感兴趣的好友积极交流；各个部门也不再像以前那样只负责完成公司下达的任务，而是在工作时积极开发潜在开户。如果对方是与项目营销有紧密关系的单位，比如相关政府部门和大型企事业单位，企业员工在与其交涉的过程中也会为项目做一下宣传推广。

可见，跟投制度的实施发掘了企业员工的积极性，让每个员工都参与到产品推广中来，这无疑推动了产品的销售。开盘之前，许多房产刚需客户如立白集团、广州汽车集团等商家都在企业员工或部门的介绍下对这个项目有了一定的了解，到项目开盘时，有多达一半的客户都是刚需客户。这样的效益足以作为跟投制度成功的见证。

➡ 合伙人文化机制：信任文化+协同文化+去金字塔化

合伙人制度在公司形成了新的文化机制。万科公司的阶级传统和阶级理念在过去是比较明显的，后来公司在这方面进行了改革。据万科总裁郁亮表示，在建立合伙人制度之初，公司还停留在过去的精英理念与传统氛围之中，想要在合伙人之间划出阶级，但是这种等级分明的结构模式与现在的互联网思维是背离的，合伙人都是项目参与者，他们是平等的，最后这种守旧观点被严厉驳回。

有了这些，万科才可以超越短期绩效，向健康组织的方向靠拢。对于万科来说，保持一种"失控"式的机敏和开放，是郁亮推动"事业合伙人"重大改革的全部理由和热情。

合伙人制度的实施在公司形成了更有利于其发展的文化氛围，是对传统的改观。合伙人机制需要公司建立相符的文化机制。这个文化机制可以分为3个方面，如图4-11所示。

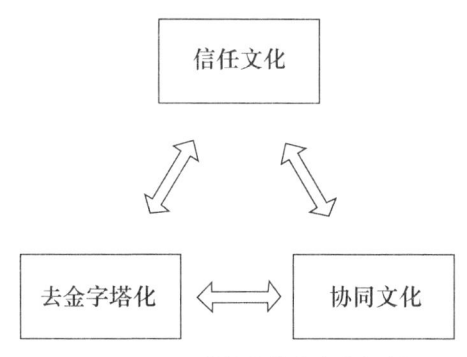

图4-11 万科的合伙人文化机制

（1）信任文化。这也是合伙人文化机制建设的基础。

（2）协同文化。协同性是在共同利益的基础上建立起来的。

（3）去金字塔化。即改变传统的精英模式，消除等级差别。

合伙人制度的成功实施和与其匹配的优秀的文化机制让万科集团在发展的道路上越走越远，而不是止步于眼前的成绩。

合伙人正能量：某些创新让别人痛了，说明你的改革有效果

万科集团的合伙人制度正以其独特的优势，推动、促成各种创新发展形式的形成。例如，2014年11月1日万科协同淘宝推出活动，可以用在淘宝的消费额度来等额度换取在万科的购房优惠，如图4-12所示。活动一经推出，就受到了消费者的追捧，仅一个月的时间，万科与淘宝合作的消费额度就超过了13亿元，同时购房者也得到了巨大的优惠。

图 4-12　广州万科淘宝店启动⑤

传统销售就是销售人员将自己固定在售楼处，坐等客户上门求购，销售业绩实在不乐观的时候就打折促销。但是发展到现在，这种销售方法已经过时了，即使降价销售，你也不知道客户在哪里！通过互联网能够拓宽客户源，虽然这仅占了上门客户总量的 5%，但相对于之前来说已经是不小的进步。

在搜寻新客户的探索过程中，万科并不是顺风顺水，也受到过质疑。例如，在某些地区万科集团推出的"全民卖房"活动，因为绕开了该地区的地产合作人而与消费者直接洽谈，抢夺了他们的利益。没有谁的利益是本就该有的，通过创新能拿走别人的利益，只是说明这种创新是正确的。

合伙人升级方向：从内部事业合伙人到生态链合伙人

在事业合伙人思想的提出和实践中，万科不断地丰富并完善着这一思想，比如在不久的将来，万科能不能将项目跟投做大做强，能不能将事业合伙人发

---

⑤ 图片来源：新浪乐居

展到企业的产业链各个环节,能不能成功地建立健全房产生态圈?

万科还做出这样的设想:与施工单位建立合伙人关系,能不能从根本上杜绝偷工减料现象,并进一步保证工程的质量。另外,在房地产投资方面成功运用合伙人制度,也能大幅度降低成本。充分发挥合伙人制度的优势,在产业链的各个环节发展事业合伙人,让员工都参与到项目中来,最终构建出一个产业整体系统。

Part 5

合伙人制度 VS 内部创业：颠覆性创新时代的管理大变革

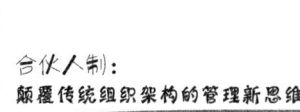

内部创业:"互联网+"时代,传统企业的必然抉择

自2015年两会提出"互联网+"行动计划以来,越来越多的企业家和创业者开始对"互联网+"时代充满希望,并且越来越多的人迈进了创业的圈子,成为"互联网+"时代创业浪潮中的一份子。

创业之风似乎在一夜之间就风靡了整个中国,很多人都欣喜地发现身边已经有好几个亲朋好友成为了创业者,"创业"不再是一个高高在上的概念,而是已经走进寻常百姓家。人们在创业中可以充分发挥自己的聪明才智和利用人际关系,希望能走到梦想实现的那一天:拥有自己的事业,实现自己的人生追求和价值。

"互联网+"在未来很长一段时间将会是国内炙手可热的话题,并成为推动国内产业颠覆性变革和社会变革的重要力量。互联网产业在经过了独立发展之后,本身所带来的商业机会和发展空间已经被挖掘殆尽,在互联网产业中"掘金"的时代已经过去,互联网已经成为一种基础工具,在社会上逐渐普及,互联网作为基础性的应用开始向各个传统行业广泛渗透，这也代表着"互联网+"时代已经来到了。

传统企业走向互联网化的两条路

在由"互联网+"带来的创业浪潮中，首当其冲并且在其中起到支柱作用的必然是传统产业，传统产业在经过多年的发展之后，拥有比较丰富的运营经验，积累了比较丰厚的财富。

但是互联网发展让传统产业的发展受到了剧烈的冲击，在新时代面前应该怎样借力互联网工具和互联网平台，推动产品和服务的升级、管理模式和商业模式的升级、自我管理以及自我组织理念的升级等，是传统产业首先需要思考并解决的一个问题。

事实上，传统企业走向互联网化无非就是两条路，一条是企业从整体上进行转型升级，另一条是一步步进行自我颠覆和升级，如图5-1所示。

第一条路
- 企业从整体上进行转型升级

第二条路
- 一步步地进行自我颠覆和升级

图5-1 传统企业互联网化的两条路

★第一条路：从整体上进行转型升级，就是说企业要制定一个全面的转型战略，从一个更全面的角度对传统企业进行互联网化的改造，推翻传统的行业布局，颠覆传统的生产模式，破釜沉舟，坚决地推动企业进行自我转型。

★第二条路：一步步地进行自我颠覆和升级，在这一过程中可能会有很多大胆的尝试和创新，传统企业将利用一个新的平台，去开发更多的创新业务，同时将在传统业务体系中培养出来的人才吸引到创新实践中去，推动创新业务不断向前演进，探索出更多的创新发展方式。

内部创新创业或将成为传统企业实现互联网化的必经阶段

对于传统企业来说，在经过多年的发展和积累之后，已经形成了比较稳定的利益格局和成熟的商业模式，越是传统的企业，在实现互联网转型的过程中越需要借助"互联网+"的发展大势。

在转型的过程中，企业不仅会面临巨大的风险，同时还要承担昂贵的转型成本，这使很多传统企业在转型面前犹豫不决。怎样处理现有的业务体系与创新业务体系之间的关系，怎样调整现有的利益格局，怎样改变传统的思维定势，这是很多传统企业领导者致力于解决的问题，如果这些问题不能得到有效解决，那么企业的华丽转型将被搁置。

但是互联网的高速发展使得"互联网+"所带来的创业浪潮瞬息万变，时代不可能留给传统企业踌躇的时间，如果不能抓住这一次机会，那么在未来更加激烈的竞争中无法适应时代发展将面临被淘汰的命运。因此对传统企业来说，在这次创业浪潮到来之际，只有选择勇敢地向前冲。

如果企业还做不到放手一搏的话，不妨选择一种比较中性的办法——通过在企业内部构建一个全新的平台，鼓励内部员工和外部的社会力量积极开展创业活动，同时建立一套市场化和互联网化运营模式的运行机制，推动企业开展局部创新，从而进一步带动传统业务的转型，这或将成为传统企业实现互联网化的一个必经阶段。

➡ 自我颠覆，是一种不得不的选择

互联网对传统企业的冲击，不仅让企业的营销模式、运营方式、渠道布局模式以及客户关系发生了变化，同时还让企业的经营理念、商业模式也走向了变革之路。这种变化和变革是颠覆式的，是传统企业在新时代继续走下去的必经之路，如果传统企业不能顺应时代发展的大势实现自我颠覆，那么就意味着企业将面临被外界力量跨界颠覆的命运，而在这种颠覆中，传统企业处于被动的地位，这是不以他们的意志为转移的。

虽然自我颠覆是传统企业不得不的选择，但是在传统的利益格局以及业务模式之下，进行自我颠覆缺乏动力，企业的最高管理层可以做出进行自我颠覆的批复和号令，但是在真正执行中，中层力量难以改变既有的利益格局。

因此在既有利益格局和业务模式中进行整体性的颠覆不仅需要面对较大的风险，在具体操作中也不具有可行性。这一结论从很多企业的实践中都得到了验证。

➡ 无法阻挡的创业大势

"创业"已经成为当前社会一个备受关注的话题，不仅越来越多的80后成为创业大军中的一员，新一代崛起的90后也开始涌向创业领域（如图5-2所示）。在现代社会，各种风险投资和创业孵化器已经成为显著性的标志。随处可见的创业人群、创业团队、创业服务机构以及媒体对创业话题的争相报道，使得创业正在逐渐变成人们生活中的一部分。

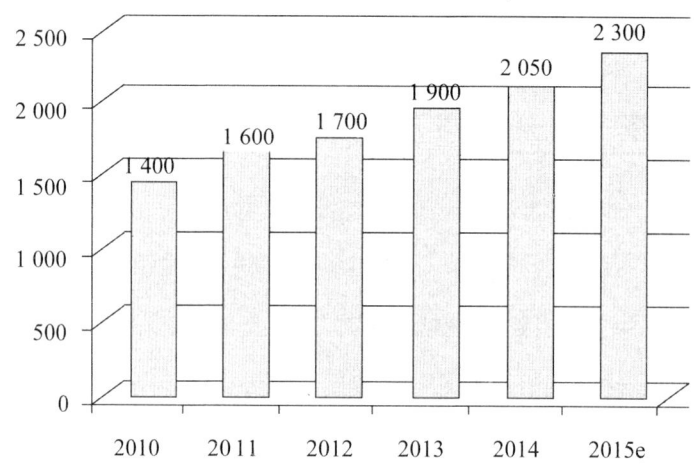

图5-2 2010～2015年第三方电子商务平台中小企业用户规模（单位：万人）[①]

草根创业者的崛起和成功让更多的人对创业充满了希望，同时也激发了传统企业从业者的创业热情。再加上优越的社会创业环境和国家的政策扶持，众多传统企业从业者开始走上了创业的道路。有的人可能是源于对梦想和激情的追求，在有了多年的知识、能力、资源以及人脉的积累之后，终于迎来了创业的爆发点，而有的人选择创业或许是为了跟风随大流。但不管是出于什么原因创业，他们都开始勇敢地摆脱传统的企业组织，朝着独立发展迈出了一大步，这一趋势是无法阻挡的。

曾经在传统企业中供职的创业人才，通常都积累了一定的实践经验，他们或许曾经走在传统企业中拓展新业务的前线，或许走在传统企业进行互联网转型的第一线，在经过了各种尝试和实践之后，已经拥有了比较丰富的经验。然而传统体制的限制，使很多创新活动没有得到有效的开展或者收效甚微，严重影响了他们创新创业的积极性，在梦想和创业激情的驱动下，他们渴望摆脱固

---

① 数据来源：《2014年中国电子商务市场数据》

有体制的束缚，自由地发挥自己的才能。

因此，大量优秀的员工离开企业开始创业，这对传统企业来说是一个致命的打击，也对传统企业的互联网转型带来了严重的影响。创业门槛的不断降低以及社会各界对创业的大力支持，使得传统企业人才流失的问题愈加严峻。如果不能有效阻止人才流失，在企业幡然悔悟的时候就会发现，企业已经变成了一个空壳，虽然拥有宏伟的战略抱负，但是没有人才资源作支撑，一切将变成空想。

不管"互联网+"只是概念炒作，还是真正吹响了颠覆的号角，毋庸置疑的是，互联网已经开始全面渗透进各个领域，全面争夺战的序幕已经拉开。虽然很多龙头企业通过跨界颠覆已经在各个不同的领域拥有了自己的一席之地，让众多的草根企业和创业者竞相学习和借鉴。但是事实上，更多的颠覆力量仍然源于传统企业。是选择从内部开始实现自我颠覆，还是借助外部的力量实现被颠覆，是传统企业需要思考的一个问题。

尽管从表面上看，传统企业在这场由"互联网+"掀起的创业浪潮中拥有绝对的主动权，在面对互联网企业带来的冲击和挑战中也拥有足够的底气，但是事实上，传统企业内部已经非常脆弱。全民创业的风靡，让越来越多传统企业的员工开始出走创业。外部是互联网企业的虎视眈眈，内部还要应对员工的出走，居于这样的处境，原本传统企业拥有的主动权或许将很快失去，到底是自我颠覆还是被颠覆，这不仅仅是一种选择，同样也事关传统企业今后的命运。

裂变式创业VS管理转型：内部创业的六大模式（上）

一个充满活力的企业必定拥有很多优秀的员工，这同样也是衡量一家企业是否有发展潜力的重要标准。优秀的员工必定会期望在企业中有更多的发展机会，因此当企业的发展不能为员工提供合适的发展机会的时候，也就意味着企业要面临人才流失。

对企业而言，如果优秀的员工要走，企业只有两种选择，要么强留，要么放手。但是与其强留阻碍他们的个人发展，不如大胆放手让他们去寻找更大的发展空间，将来或许等公司强大的时候他们还能回来为公司继续效力。但是如果员工仅仅是因为短期内在公司不能获得较大的发展而选择离职的话，对公司来说也是一个巨大的损失。

很多企业的管理者认为，只要给优秀的员工合理的薪酬就能留住他们，然而事实上，很多企业为了能留住优秀的骨干和员工，都会给予他们或升职加薪或更高的福利，但是最终还是没能留住优秀员工，这足以证明，升职、加薪和高福利并不能满足优秀员工成长的愿望。那么对他们而言，最需要的是什么呢？

只有真正知道他们想要什么，并满足他们的需求，才能更好地留住他们。根据马斯洛的需求层次理论（如图5-3所示），如果升职、加薪和高福利不能满足优秀员工，那么他们真正需要的应该就是"成就感"了。简单来说，就是满足他们想当老板的愿望。

企业内部可以出现好几个老板吗？答案是可以的，当然这要建立在内部创业的基础上。内部创业就是有创意的员工在企业的支持下，开展某项业务内容和工作项目。从表面上来看，企业是在用自己的资源成全别人，但是事实上，员工进行内部创业，最终受益的是企业——内部创业不仅可以满足优秀员工想当老板的愿望，还可以推动企业实现安定化运作。同时通过对员工授权，可以减轻企业负责人的负担，员工的创业也可以为企业的

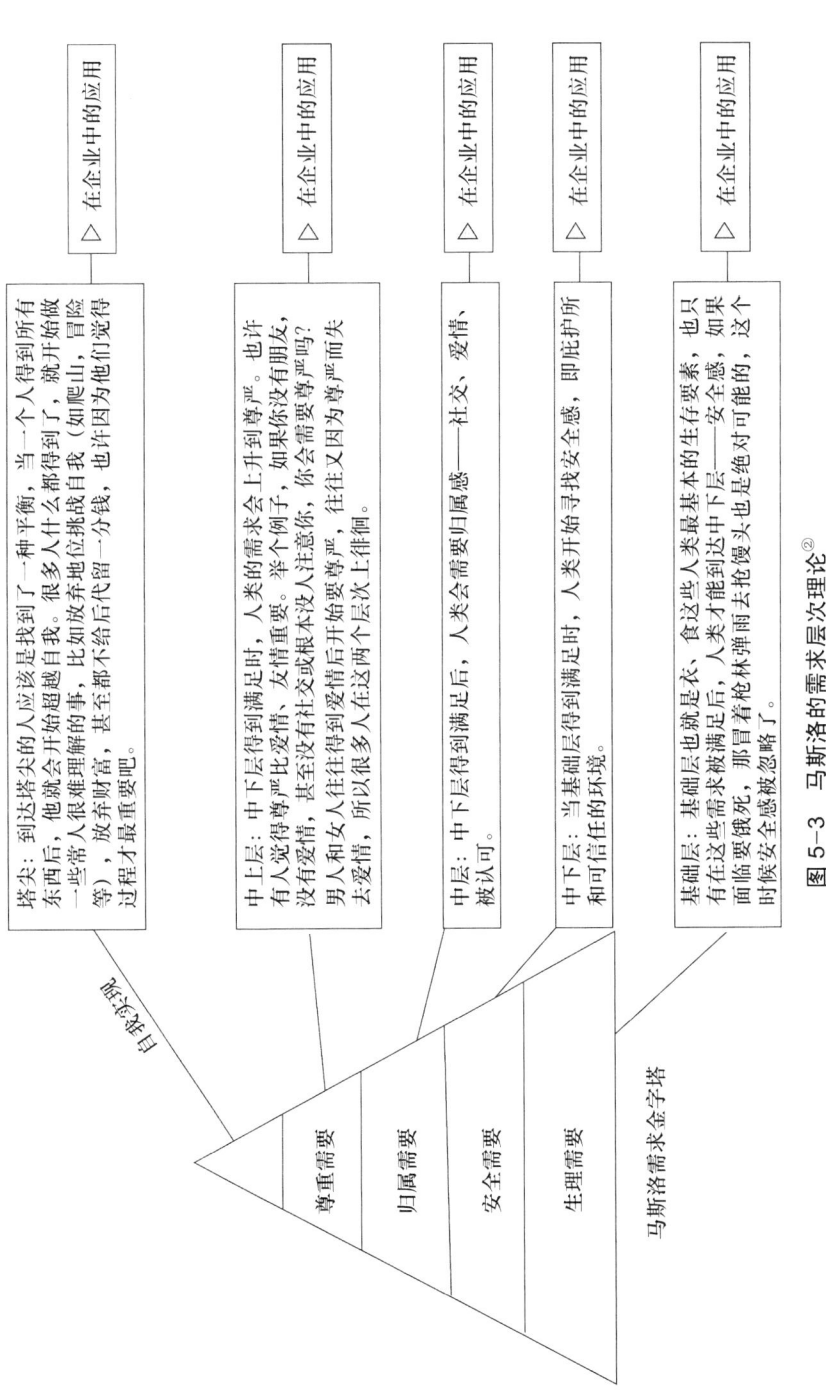

图 5—3 马斯洛的需求层次理论②

---
② 图片来源：中国心理网

发展带来新的发展思路。由此可见，不管是员工还是企业，都可以从内部创业中受益。

★对员工来说，与其从公司出来自己创业，不如充分利用公司拥有的资源优势进行内部创业，更快地实现自己的人生价值。

员工因为已经在公司成长过一段时间，所以对公司的发展状况和环境比较熟悉，在创业的过程中可以更恰当、合理地运用企业的资源，同时也可以将更多的注意力放在开发新市场和新领域上。企业对于员工的内部创业是持积极态度的，并为其营造了宽松的创业环境，即使员工创业失败，也有企业来做支撑，可以降低员工所要承担的责任。这样一来，员工心理压力小了，更能放心大胆地去创业，同时也可以增强员工创业的自信，提高其创业的成功率。

★对企业而言，建立一套合理的内部创业机制，可以在帮助优秀员工获得成就感的同时，为企业留住他们，使之继续为企业的发展贡献力量。同时，在内部创业的推动下，企业也可以创新经营方式，拓展市场范围，推动企业更长远地发展。

此外，构建成熟的内部创业体系，也可以让企业在内部创业的过程中发现组织体系中存在的缺点和不足，及时地进行反思，从而有效地修正自己，探索出一条可操作的发展之路，确保企业在未来的发展过程中拥有可持续性的价值。

内部创业体系是推动企业构建和形成优秀组织架构的重要武器，同时也是使企业保持鲜活生命力的重要源泉。

在实际的操作和运行过程中，有6种内部创业的操作模式可供企业参考，如图5-4所示。

图 5-4 内部创业的六大模式

模式一：阶段管理式

★代表企业：柯达

柯达内部创业体系的特色在于其对创新体系进行阶段式管理。员工提出的各种各样的创意，可能与公司主营的业务相关，也可能不相关，但是在这种创业体系中，与公司主营业务不相关的创新提议中大概有10%的提议可以获得NOD（New Opportunity Development，即新业务开发）部门高达25万美元的资金支持，而这一阶段的创新提议可以说是处于创业设想的开发阶段，创业设想提出人可以利用20%的工作时间来完善和实现这一设想。

如果在经过了第一阶段之后,发现这一设想是切实可行的,那么创业设想就可以进入到业务开发阶段。此时,创意发起人就可以离开本职工作,专门从事创业项目的开展和执行,同时创业项目也可以获得7.5万美元的资助。创意发起人需要成立项目小组,进行项目规划书的撰写以及产品模型的开发等,NOD部门会为项目的顺利开展提供相应的咨询服务和支持。

创业项目在业务开发阶段如果一切顺利的话,就可以进入到下一步的项目运作启动阶段,创业项目在到达这一阶段后,就有资格获得高达25万美元的资金支持。如果项目能够通过严格的评审,那么后续将得到更多的资金支持。创业项目发展到这一阶段就会落入柯达技术公司(KTI)的门下。

柯达技术公司扮演着两种角色,一种是控股公司,另一种则是风险投资公司。虽然KTI隶属于柯达,但事实上,KTI管辖的很多创业项目已经基本上跟柯达脱离了关系。KTI就像是创业项目的孵化器,可以为创业项目的成长和发展提供其所需的资源和条件,KTI要求创业项目的投资回报率至少要达到25%。如果创业项目能够顺利运转,在发展几年之后,就可以从KTI中独立出来,或者公开上市,或者选择转让,以实现资本的转化和增值。

点评:在这种模式下,创新提议在不同的发展阶段需要的资源和外部条件也是不同的,内部创业同样也遵循这样的规律,在不同的发展阶段会有不同的运作流程。

➡ 模式二:先庇护,后放手

★代表企业:宏碁

宏碁集团是全球第四大个人电脑品牌,旗下有36个子公司,各个子公司之间相互独立,拥有高度的自治权,同时也存在一些竞争。

宏碁集团为在公司工作 5 年以上的员工提供了更多的发展机会和更大的舞台，其中就包括内部创业机制，鼓励员工积极发挥自身的创造性。当有工作项目的时候，宏碁鼓励员工参与内部的竞标，通过竞标成为项目的负责人，监督整个项目的运作。

宏碁集团采用的是多元化的经营模式，利用相互关联的事业体渐进共生的方式推动企业的多元化发展。宏碁的内部创业公司与母公司有着密切的联系，在创业的过程中需要充分利用母公司在渠道、人才、技术等方面的优势。

宏碁集团有多种内部创业模式，创业效果最佳的模式主要有以下特点，如图 5-5 所示。

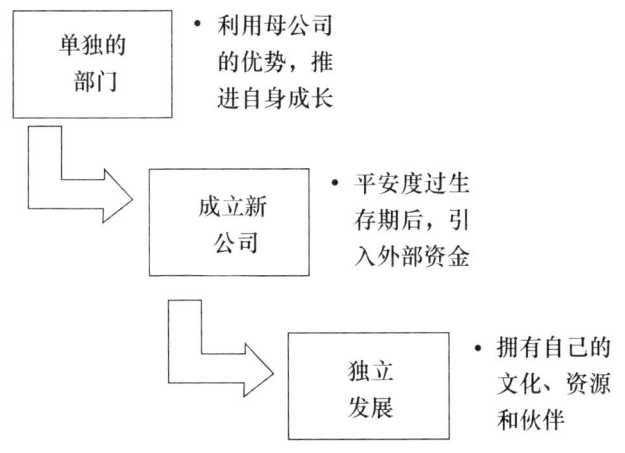

图 5-5　宏碁内部最佳创意模式的特点

★创业项目最初是作为一个单独的部门存在于母公司，可充分利用母公司的优势资源来开展业务，推动项目的顺利进展；

★当创业项目在母公司的庇护下平安度过生存期之后，创业项目就可以引入外部资金成立新公司，母公司在新公司的资本占比大约在 50% ~ 80%；

★创业项目在成立了新公司之后，开始独立发展，这时它不仅拥有了自己的企业文化和资源，同时也拥有了更多的互补性伙伴，新公司不仅要完成母公司交付的工作任务，还需要应对公司其他大股东的监督和检验。

但是与大陆企业不同的是，当内部创业组织成长到一定阶段之后，宏碁集团就会放手，只掌握其中一小部分股份，让他们独立成长。比如2002年宏碁将在明基拥有的股份降低到了三成，明基在脱离了宏碁的庇护之后，拥有了更多的自主权力，并迅速成长起来。

宏碁的创始人施振荣认为，创业项目在发展初期实力比较弱，如果让其独立发展的话可能会因为激烈的竞争而夭折，因此在创业项目羽翼还未丰满时，母公司会给予其全方位的保护，一旦它成长壮大起来，就可以给它自由，使之在更大的空间和舞台上成长。至于在什么时候放手，施振荣采用的是模糊管理，主要是根据创业项目的具体发展情况来定。

裂变式创业VS管理转型：内部创业的六大模式（下）

➡ 模式三：转为代理商或外包服务商

★代表企业：用友、华为

用友股份有限公司为了鼓励员工进行内部创业，在武汉、温州和合肥3个城市提出了一项"创业计划"，让地区分公司的员工离开公司，转为代理商。这部分员工在离开公司后，可以获得公司相应的资金和产品支持。普通的员工可以获得 8 万元的资助，而经理级别的员工则可以获得 15 万元的资助。

但是这一项计划的推行并没有得到员工的积极响应，反而让一些员工质疑这是在变相裁员，因此该计划在推行的过程中受到了重重阻挠。

事实上，在公司内部推行"内部创业"计划的不只是用友。早在 2000 年，华为就曾提出过这样的计划，鼓励其老员工进行创业，将公司的非核心业务、餐饮、公交等服务业务通过外包的形式外包给老员工。

此外，华为还鼓励员工离职创办新公司，为公司开辟更多的分销渠道，形成更加健全的产品分销网络，而华为会对这些离职创业的员工给予相应的产品支持，产品的价值相当于员工持有华为内部股的 1.7 倍。当然华为公司还规定，员工在创业过程中，公司产品不能相互竞争，相互独立的创业公司在发展过程中也不能相互干扰。比如现在很多地方负责华为工程安装调试的公司，就是由原来在华为工作但是后来因为内部创业而从华为走出来的人创办的。

点评：转为代理商或者外包服务商只是用友和华为在鼓励员工进行内部创业的过程中试行的一种模式。而这种模式的盛行也是因为他们各自处在一种特殊的时期。用友因为原来的渠道成本过高，在发展过程中的压力比较大，所以亟需通过代理商的形式来开拓新的营销渠道；而华为则为了给公司的老员工寻找更有效的发展出路而积极鼓励员工自行创业。因此用友和华为推行员工内部创业计划的根本目的并不是为了创业本身，而是为了解决公司本身所存在的一些问题。

模式四：计划书模式

★代表企业：富士通、松下

富士通是全球性的信息通信技术企业，旨在为客户提供全方位的技术产品、解决方案和服务，是享誉全球的 IT 服务公司。富士通在公司内部也鼓励员工的创业活动，并成立了专门的基金，凡是在富士通工作满 3 年的员工，都有资格申请创业基金进行内部创业。

有创业愿望的员工需要递交创业计划书，公司会每半年组织一次考核活动，考核员工是否满足两项标准，如图 5-6 所示：一是员工个人是否具备创业的资质和素质；二是员工想要创业的领域是否有发展前景，在将来能否获得比较稳定的收益，同时还要考察其创业计划书是否切实可行。

考核标准一
- 员工个人是否具备创业的资质和素质

考核标准二
- 员工想要创业的领域是否有发展前景

图 5-6　富士通员工创业考核的两项标准

富士通还成立了专门的创业评定机构，那些通过评定被选拔出来的员工，会获得相应的创业基金。富士通会以入股的形式将基金交给员工，并联合员工的智力和技术创办新公司，一般情况下，富士通在新公司不会占有超过 50% 的股份。员工在自行创业之后，会解除与公司的雇佣关系，但是在创业过程中还可以获得来自公司的业务、技术以及资源等方面的支持和帮助。

2000 年，松下为了鼓励员工进行内部创业，专门拿出 100 亿日元设立了公司创业基金，员工如果想要创业需要递交商业计划书，公司每年都会组织 3 次海选活动，通过海选的商业计划书提出者还需经过半年的面试、筛选、培训和考察期。

为了让员工能更放心地创业,松下还规定,创业者在创业初期的出资比例可以在30%以下,日后发展壮大有实力之后,创业者可以通过股份回购的方式将大部分股份掌握在自己手中。同时创业的员工也可以通过签约成为松下的合同工,这样即使创业失败也可以在5年内继续回松下工作,为创业员工解决了后顾之忧。

点评:虽然富士通和松下都是采用设立创业基金的方式鼓励员工创业,但是两者在创业目的以及运作方式上有很大不同:富士通成立的创业基金可以让其获得更好的投资回报,而松下的创业基金则有利于将员工培养成为不畏艰难、勇于挑战的创业型人才。因此从这方面来说,松下更适合员工的个人成长。

虽然松下和富士通都在积极鼓励员工的创业活动,但是事实上,能通过选拔并获得资助的员工少之又少,不过这也是在向员工传递鼓励创业的重要信号。

模式五:公司风险投资式

★代表企业:壳牌、英特尔

互联网的发展,掀起了一股风险投资的热潮,而这一股风也吹到了创业领域,成为众多企业在创业过程中的首选方式之一。英特尔、诺基亚等企业纷纷成立了风险投资公司或机构,为公司项目的开展和创业项目提供了更多的支持和帮助。

在实际操作过程中,风险投资机构最常见的功能就是对资源进行整合,不

仅支持公司外部的项目发展，同时也支持公司内的部门或创业活动。

壳牌石油推出的"游戏改变者"项目，是由勘探与生产部提出来的创意。随着行业之间的竞争愈演愈烈，壳牌石油为了能在市场上寻找到更多的发展机会，其项目组开始在公司内部广泛征集可行的创意和建议，并对其中一些成功可能性比较大的创意给予相应的资金支持。壳牌石油将拿出10%的技术预算用于风险投资。

点评：在风险投资方面，公司采用了两种形式：一种是将风险投资的资金委托给专业的风险投资公司来管理，并根据委托方的需要选择相应的投资目标；另一种是公司直接成立独立的风险投资子公司，并采用与专业的风险投资公司相似的运作方式。但是研究表明，针对企业外部的风险投资，新业务被母公司采用的概率只有5%。

模式六：15%模式

★代表企业：3M、Google

在3M公司内部流行着一条著名的15%定律，即允许和鼓励技术人员将15%的工作时间投入到日常工作以外的新领域的研究和开发中去。公司的高层还会为员工排除其在创新和创业过程中面临的来自公司内部的重重阻力。3M致力于让每一位员工都可以成为创造者和发明者，并在公司营造一种创新的氛围，将创新当成一种传统。3M在发展过程中一直在践行着这一点。

相较于拥有百年发展史的3M公司，Google是一家非常年轻的公司，它在公司内部运作的过程中也如法炮制，鼓励员工的创业活动，只不过其政策更为宽松。

Google 员工可以利用其 20% 的自由工作时间参与 Top100 中任何一个其感兴趣的项目，Top100 是由 Google 设立的一个可以随时发生变动的项目列表，列表上面的创意项目都来自于"想法邮递列表"，当员工有创意灵感的时候，可以将其想法写在这个列表上，其他的员工可以对这些创意项目发表意见，提出想法，并进行相应的投票，选出最可行的创意项目。

此外，Google 还会利用技术手段为员工的内部创业提供相应的支持，比如在公司内设立千万美元级别的"创始人奖"，给有创意的员工相应的奖励；将创意项目开放给公众测试，为创意项目的实现提供更多的保障。

点评：15% 模式赋予了员工更多的自由，让他们可以尽情地发挥自己的聪明才智，进行更多有意义的创新尝试，这样一来，很多创新项目都可以被充分开发和尝试，并转化到实际的操作中。15% 模式开创了一种组织结构中的新理念，不仅为企业营造了一种创业的氛围，同时也赋予了企业一种创业的灵魂。

培养内部企业家：让企业架构和文化为内部创业护航

互联网的发展和渗透，不仅让企业迎来了新的发展机遇，同时也为企业的发展带来了诸多挑战，企业之间的竞争越来越激烈，所处的生存环境也愈加艰难和复杂。为了能在这种复杂多变的生存环境中更顺利地成长，企业应该具备

更多的灵活性和创新性，寻找突破点，学会创造性地发展。

在实际的竞争过程中，大企业在遇到灵活多变的小企业时，应该从多方面入手寻找新的发展途径进行创新，从而使企业在竞争中具备更多的灵活性。很多企业纷纷走上了内部创业这条路，企业的内部创业不仅可以帮助企业进行战略更新，拨开重重迷雾找到正确的发展道路，还可以为企业的发展开辟新方向和新路径。此外，企业通过合理的内部创业也可以进一步增强其竞争实力，在竞争中拥有更多优势。

➡ 怎样培养内部创业家？

所谓"创业"（Entrepreneurship）就是创业者通过自己的努力对自己拥有的资源进行优化整合，并创造巨大经济或社会价值的过程，简单来说就是建立一家新企业的过程，企业家就是新企业的拥有者。而企业的内部创业（Intrapreneurship）是指企业内部有创意的员工利用企业的资源优势来开展企业内部某些业务内容或者工作项目，并将创业的成果与企业共享的创业模式。

调查表明，进行成功创业的内部创业家并没有什么特殊的天赋，只要有充分的环境和企业内部的支持，普通员工都有机会成为内部创业家，内部创业家的创业、成长对企业的成长也具有巨大的好处。那么，对企业来说，应该怎样将员工培养成具有创新精神的内部创业者呢？

公司的最高层管理者必须制定鼓励员工进行创业和创新的企业思路，对员工的创业过程给予极大的支持，同时要保证每一名员工都能理解和明白公司的这一思路。这也是企业培养内部创业员工的首要任务。

在明确的企业思路的指引下，员工可以更清楚地了解企业未来的发展方向,并根据企业的发展动向调整新战略和进行新部署。此外,有了企业思路的推动,员工也可以在企业发生转变后更好地适应企业发展,并进行新的内部创业。

公司内部各部门的管理者也需要对员工的内部创业工作提供大力支持。在企业的经营过程中,很多有创意的想法能够成功实施,最重要的一点要归功于公司最高领导者的支持和拥护。但是如果对创意想法的支持仅限于公司的最高领导者,那么这个创意项目在实施的过程中也会难以落实,甚至会产生很多隐患。

因此,为了提升员工内部创业的成功率,员工的创意项目除了要有最高领导者的支持之外,各个部门的管理者也应该给予重要的支持。为了能让员工更快地成长,有些企业为员工提供了各种各样的专业化或者个性化的培训。

美国一位著名的跨国公司总裁曾经做过形象的比喻:一些大企业在招聘的时候都希望能招到蝴蝶,而非毛毛虫。如果招聘到的是一个新人,那么就需要对其进行相关的职业和技能的培养,但是在经过一段时间的培养之后,这个员工并不一定会成长为企业所需要的人才。如果培训的结果不能达到企业的预期就意味着企业不仅要浪费掉这个人力成本,同时还需要另外付出成本去培养下一名员工。

这就相当于企业本来想将寻找到的毛毛虫培养成一只蝴蝶,但出乎意料的是,毛毛虫最终变成了蛾子,这样一来企业就不得不寻找另一条毛毛虫来培养,并希冀其能变成蝴蝶。于是很多企业就认为与其耗费一番功夫将一只毛毛虫培

养成蝴蝶，不如一开始就招一只蝴蝶，尽管这一只蝴蝶可能并不完美，但是至少可以保证它是一只蝴蝶。

同理，很多企业宁愿付出高昂的成本去请一个经验丰富的人才，也不愿意费尽周折地将自己的员工培养成具备专业素养和技能的人。

构建合理的企业组织架构

员工在参加正常培训的同时，还要做好自己的本职工作，因此很多参加培训的员工都面临着工作和培训的双重压力。而这时，如果员工的直接管理者能够给予他们更多的支持，就可以帮助他们有效缓解工作压力，从而使其更好地投入到培训中，比如如果培训时间紧迫，可以允许员工早退去参加培训等。

虽然很多企业的最高领导对员工的培训给予了极大的支持，但是很多员工的直接管理者并不一定愿意理解和体谅员工，因为员工如果不能全身心地投入工作，就可能影响部门的正常运作，所以很多部门的管理者会对参加培训的员工施以额外的压力。很多时候，当管理者的行为已经严重影响到员工正常参加培训的时候，企业的领导层就不得不亲自出面制止部门管理者的行为，从而让员工能正常地工作和参加培训。

因此，为了能让员工顺利参加培训，为其进行内部创业提供支持，企业应该建立一套合理的有机管理框架，或者专门成立一个内部创业部门，如果这两点都不能实现，那么企业就应该对其架构进行调整。

有机管理框架是指将企业的组织架构扁平化，减少管理层级，缩短最高管理者与员工之间的距离，使最高管理者的指令能够更有效地传递给员工，以有利于指令的理解和执行。同时，在这种扁平化的组织架构中，可以提高信息流通的速度，提升企业对外部环境变化的灵敏度。在扁平化架构中权力逐渐下放，低一层级的员工也拥有了更多的自主权利，可以在内部创业的过程中发挥更多的主观能动性，从而推动创意项目的顺利开展。图5-7所示即为有机管理框架的优势。

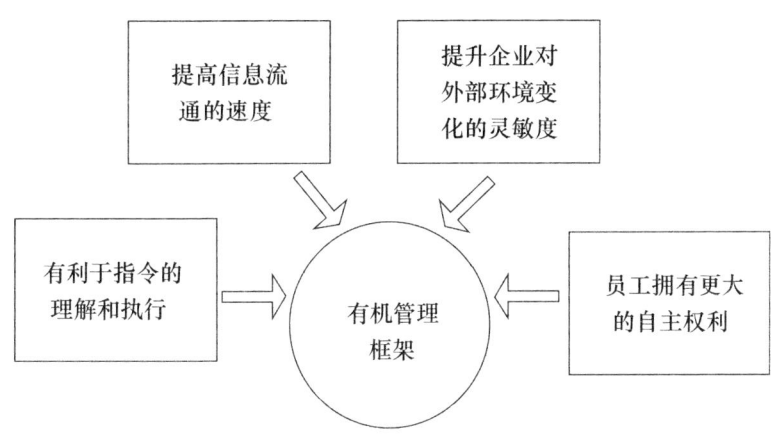

图5-7　有机管理框架的优势

企业在赋予员工更多自主权利的同时，也要谨防个别品行不端的员工利用职权谋取私利，以免对公司的利益造成损失，因此企业应该加强相应的制度管理和稽查制度。

日本著名的汽车制造公司丰田公司推行了扁平化的组织架构，并受益匪浅。丰田汽车在2009年的时候销量下降了13%，面对这样的发展趋势，丰田对公司内部的组织架构进行了一系列调整。

2011年3月，日本经历了大地震和海啸，使丰田的生产受到了严重影响，为了缩短决策执行和下达的时间，降低自然灾害给公司带来的影响，丰田公司主动放弃了之前在公司运行的自下而上的逐级汇报制度，将权力授予各级经理，使他们可以更快地进行决策。同时，为了进一步提升公司决策的速度，公司总裁也对董事会进行了裁员，削减了其中一半的成员，丰田在经历了这一系列的变动之后，业绩获得了大幅度的提升。

但是像丰田一样进行大规模的组织架构调整和重组，并不一定能获得像丰田一样的效果。对于大多数企业而言，企业的文化或者财务状况或许并不一定能够适应这样大的改革。因此还有另外一种方法——**创建一个专门的内部创业团队或者部门，这个团队或部门的首要工作就是为企业的发展提出有创新性的建议，提升企业的利润收益，鼓励员工的内部创业，增强企业的竞争实力和优势。**

企业应该创建一个什么样的内部创业团队或部门，与企业具体的发展目标以及实际需求有很大的关系，图5-8所示为企业内部的两种创业团队。

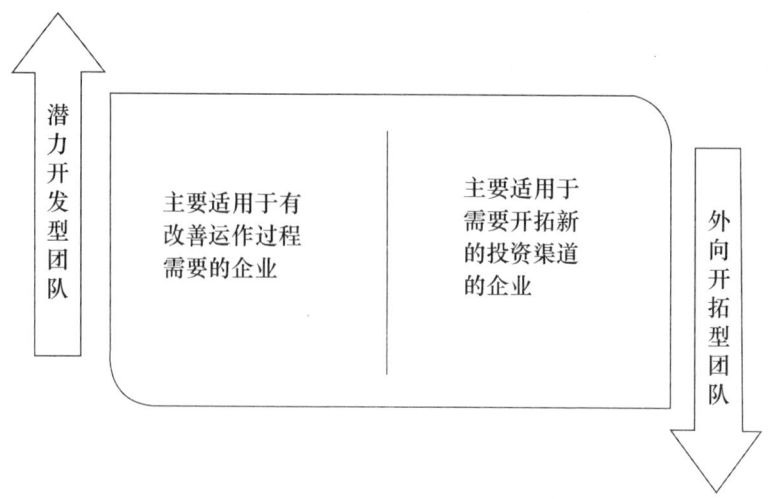

图5-8　企业内部的两种创业团队

★潜力开发型团队，这种内部创业团队的功能就是改善和提高企业内部现有的运作过程和产品，主要适用于有改善运作过程需要的企业。

★外向开拓型团队，这种类型的团队的功能就是开发新产品和运作流程，主要适用于需要开拓新的投资渠道的企业。

除了以上两种内部创业团队或者部门外，企业也可以同时创建多种类型的内部创业团队，为员工的内部创业活动提供更多的保障。

但不管是创建哪一种类型的团队，最终的目的都是为企业带来创新性的建议，为了保证内部创业的效果，企业在确定内部创业团队成员的时候，可以根据员工的个人资质、工作经历以及背景等进行选拔。为了能让创业团队带来最佳的创业效果，企业还应该为其提供相应的保护，比如可以让员工免受企业日常杂务的干扰等。

构建信任、公平的企业文化

在构建了合理的组织架构之后，企业还应该建立相应的企业文化，来巩固和增强企业的内部创业效果。通常情况下，有过成功内部创业经历的企业，在企业文化上一般都具有以下特性：

★奉行和追求高度的信任感，让员工在创业的过程中可以拥有更多的自信；

★赋予员工高度的心理安全感，让员工可以更放心地进行创业；

★高度的正义和公平感，让每一个员工都有实现自己创意的机会；

★对错误和失误具有强大的忍耐力，创业本来就是一个从无到有的过程，不可能一蹴而就，中间肯定会经历各种各样的失败，企业要有强大的忍耐力，随时做好承受失败的准备。

这里所讲的心理安全感是指员工在与同事开展人际交往的过程中，对可能发生的负面结果可以没有后顾之忧。员工在工作中具有心理安全感可以让他们在与同事的合作共事中更加坦然和真诚，这样沟通交流也将更加积极有效，更易实现同事之间的相互信任和帮助。这种积极的工作氛围，将为员工的内部创业活动以及企业创新式发展带来更加正面的影响。

对企业来说，应该怎样营造一个具有安全感的工作氛围呢？关键是要消除员工之间可能会产生的恶性竞争。因此，企业不妨改变一下薪酬制度，为了提升员工的创业积极性，企业还可以采用团队业绩以及与个人贡献相结合的薪酬制度，比如对表现优异的团队，企业可以对其进行现金奖励，然后团队内部再根据每一个成员的具体贡献进行分配，以有效提升员工创业的积极性。

一个拥有强大创新能力的企业或者团队，会产生各种各样的创意和想法，但是并不是所有的创意和想法都会被企业采纳。如果员工的创意常常不能被采纳，在一定程度上就会影响其创业的积极性，从而不愿意将自己更多有创意的想法提出来。这样一来就会影响企业的内部创业，因此为了能让员工保持高度的积极性，企业还应该构建公平公正的企业文化。

站在企业的立场上，构建公平公正的企业文化，其中一条就是要为员工提供公平的程序，这一套程序包括制订相关的政策保障以及相应的创意想法采纳标准，并确保每一位员工都能充分理解和掌握这些政策和标准，且将之严格执行。在这种情况下，即便是员工的创意想法一直未被采纳，在政策的指引下，其心理负担和压力也能得到缓解，从而使员工能继续忠诚于公司，并以积极的态度为公司的发展贡献自己的力量。

➡ 要有容忍失败的能力

创业和创新，必然要经历失败和反复，企业应该做好接受失败的准备。对于已经失败的创意，企业管理者不能因为受损就对员工进行惩罚，因为这样极有可能会打击员工的积极性，因此最明智的做法是将失败的经历转化成经验，为下一次的成功提供养分。比如耐克公司就曾经从失败中总结经验教训，从而获得了丰厚的回报。

> 耐克是全球著名的体育运动品牌，在过去的产品营销和推广中，耐克一直依赖传统的电视广告和印刷媒体。随着互联网的发展和各种营销方式的出现，耐克也开始尝试新的营销方式，比如运用社会媒体来开展产品营销和推广。
>
> 2011年，耐克在营销方面的预算达到了24亿美元，但是大多数预算都集中在了新的营销渠道上，在传统营销方式和渠道上投入的资金相对很少。在刚开始运用新的营销渠道的时候，耐克也遇到了很多障碍，但是在不断适应和调整之后，新的营销渠道为耐克带来了丰厚的回报。2014年，耐克的总营收已经达到了277.9亿美元，并在全球同行中建立了优势的地位。

如果没有容忍失败的能力，那么耐克很难在现在取得如此之高的行业地位。而拥有较低错误和失败容忍度的企业，也很难像耐克一样，将巨额的资金投入到从来都没有尝试过的领域。很多企业一旦看到失败的苗头就不敢再继续下去，而又重新回到之前比较稳定安全的圈子里。

随着经济的高速发展和新时代的到来，商业领域的竞争变得日益激烈，企业要想在竞争环境中生存下去，就必须学会创新，而要成为一个具有高度创新性的企业，最重要的一点就是要鼓励员工积极开展内部创业活动。

一方面，公司的最高层应该明确提出鼓励员工进行内部创业经营思路；另一方面，要构建合理的组织架构和企业文化，为员工内部创业提供制度保障和成长环境。

在合理的组织架构和企业文化的保驾护航之下，企业的创新之路才会走得更加顺畅。如果企业在发展的过程中能够给予员工适当的管理培训以及完整的信息制度，那么将有效提升员工的创新积极性，同时也有利于为企业培养一批优秀的人才，"21世纪最贵的是人才"，有了优秀的人才做保证，相信企业在未来的发展中会不断壮大，并在激烈的竞争中赢得更多优势。

《反脆弱》启示录：内部创业必须要遵循的3项基本原则

近年来技术的进步日新月异，移动互联网、大数据、云计算、物联网等先进的技术成果层出不穷，打破了很多行业之间的壁垒，并且催生了大批的创业公司，各行各业的竞争持续加剧，技术和市场的热点变幻莫测，今天的顶尖科技成果可能过段时间就变成了基础技术，之前做好的战略规划可能还没完全实行就已经落伍，企业的未来变得完全不可预测。

在这个充满不确定性的时代，企业应该如何调整才能平稳地生存发展下去？在新兴起的内部创业潮流中，创业者应该如何应对才能在失败率极高的创业市场打下自己的江山？针对这些问题，美国著名的管理理论学者纳西姆·尼古拉斯·塔勒布在他 2014 年出版的《反脆弱》一书中给出了他的建议。

塔勒布在这本书中探讨了试错法、决策、经济体系等多个议题，指出企业的生存不是取决于战略规划，而是取决于企业的适应性以及与周围环境的相互作用。书中提出的诸多观点中，有 3 项原则尤为适合企业内部创业（如图 5-9），这 3 项原则分别是：允许"摔坏东西"；用杠铃策略部署内部创业；抛弃传统，让员工获得真正激励。

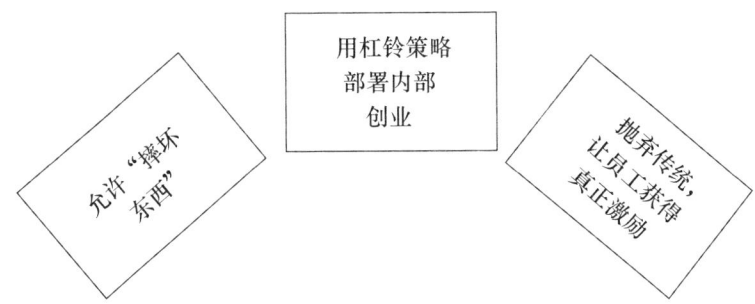

图 5-9　内部创业必须要遵循的 3 项基本原则

🡪 原则一：允许"摔坏东西"

允许"摔坏东西"，意思就是企业应该具有容错思想，建立试错机制，容许企业内的创业项目暴露在风险中，这样不但可以加速创业项目的优胜劣汰，还能够让企业在更多的不确定性中受益。

很多大型企业甚至金融机构表面上看起来坚不可摧，其实内部非常脆弱，一旦发生负面的黑天鹅事件几乎立刻就会分崩离析，不堪一击；与之相对的，经常暴露在各种风险、混乱、压力以及随机性和波动性下成长起来的组织反而能够从冲击中受益，这类组织都有一个强悍的属性，即"反脆弱性"。

大型企业往往由许多部分共同组成，所有部分的脆弱程度共同决定了整个企业的反脆弱性，比如企业若想让自己在经济方面拥有反脆弱属性，就必须将旗下所有的组成部分暴露在风险之中，企业的内部创业项目也一样，只有完全暴露在风险之中才能拥有反脆弱属性，不能在风险之中坚持下来的项目，将来也难以避免失败。因此，试错机制本质上是对自然淘汰的加速，优秀的项目自然能够生存下来并得到迅速成长。

谷歌的终极实验室"Google X"可谓是将试错文化奉行到底的典型。该部门从2009年成立开始就不断尝试各种疯狂的创意，包括太空电梯、喷气式飞行背包、物联网、机器人、无人驾驶汽车、谷歌眼镜等，完全不考虑研发周期、成本预算、商业模式等各种现实问题。

在Google X的一系列稀奇古怪的研究项目中，最终失败者不在少数，然而成功的项目也有很多。正是因为其极具包容性的试错文化，以及对于各种新项目的长期信心，最终成就了它强悍的反脆弱属性。

与Google X一样不惧试错的，还有美国朗讯科技公司的研发部门贝尔实验室以及数字产品生产商施乐公司旗下的帕洛阿尔托研究中心，这两家研究机构同样在科技领域取得了不俗的成果。但可惜的是，由于组织内部的一些原因，这些科技方面的成功并没有给企业带来实质的经济效益。

无论是成功的 Google X，还是失败的贝尔和帕洛阿尔托，都是美国的企业，美国这种富于冒险精神的文化背景培养出强大的试错文化——即便失败了也无所谓，大不了重新再来。

除了敢于冒险的试错精神之外，创业精神还表现为对于"可选择性"的应用。可选择性尤其适用于企业的内部创业，它能够帮助企业省去高额的顾问费，也可以将领导人从复杂的计算和商业直觉中解救出来，进而帮助企业实现更多收益。

原则二：用杠铃策略部署内部创业

企业在内部创业过程中如果选用积极主动的策略则容易遭遇冒进风险，如果采取保守偏执的策略则很容易在日益激烈的竞争中被淘汰，所以，企业既不能一味积极主动，也不能太过保守，只有保持两者的平衡，才能取得稳健的发展。也就是说，一家企业的内部创业项目不要集中于某个相同的方向，最好互不相干，项目之间的关联越少，企业内部创业的抗风险系数就越高，越容易取得整体的成功。

企业内部创业项目之间的关联越少，差异越大，就意味着企业的创新能力越高，从长远来看，企业能够获得的收益也就越高。 如果企业按照反脆弱的思路将自身置于错误偏好之下，那么，企业可以采用杠铃策略来控制风险。按照这个思路，企业可以选择性地在某些领域采用保守策略，在某些领域采用开放策略，这样无论是否遭遇负面的黑天鹅事件，企业都能够保证自身的安全。

例如，企业在内部创业过程中可以拿出一小部分资源用于试错，而剩下的大部分资源仍然用于现有技术和产品的持续发展。用这种保守与积极有机组合的方式避免承担大的风险，将大部分资源用于保存企业的核心优势，拿出一小部分资源来通过主动试错刺激企业的进步。

企业内部不同创业项目之间的关联度也是关系着企业风险的重要因素，不同项目之间的关联度越小，企业整体的抗风险能力就越强，如图 5-10 所示。成功的创业企业都会遵循这条原则，在挑选创业项目时选择那些远离公司核心业务的领域。除此之外，企业还可以强化项目之间的差异，将不同的项目安排到不同的时间进行，也可以与高等院校、客户以及上游供应商等不同的单位进行形式多样的合作。

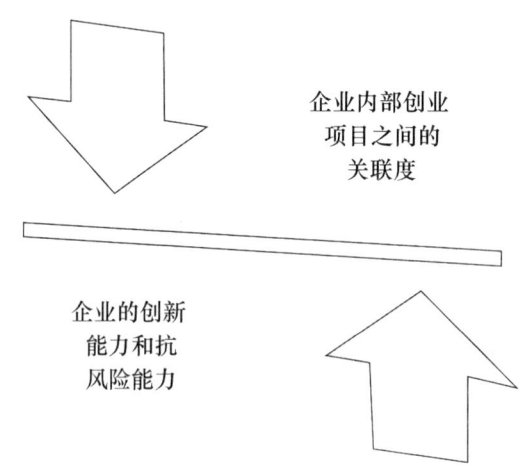

图 5-10　企业内部创业项目之间的关联度对企业的影响

▶ 原则三：抛弃传统，让员工获得真正激励

创业项目同样需要激励政策以刺激员工的工作积极性，然而内部创业并

不同于正常发展过程中的企业，项目初期通常是依靠自由的试错方式来确定最终的发展方向，所以一般的绩效考核并不适用。传统的基于KPI各项指标进行的绩效管理不适用于企业的内部创业，因为复杂的指标可能会引导员工对之过多关注，从而减少了创新方面的投入，反而本末倒置，得不偿失。

因此，企业应该为内部创业单独打造一个更为简单的绩效管理考核机制，很多企业也确实这么做了，比如谷歌创投构建的OKR员工考核制度，只包括目标和关键成果两项指标，清晰明了，已经在整个硅谷流行起来。

OKR是一个指导性的绩效导向考核工具，由项目团队制定一个总目标，该目标由团队的各个成员共同分解成很多小的子目标，并且按照优先顺序排列，这样一来，每个成员都能够清楚任务的主次轻重。在每个季度结束之后，团队成员之间互相打分，通过这样的方式，让团队成员之间形成高度的协作关系，并且将所有人的力量集中起来，使团队效率大大提高。

在该绩效制度下，所有的目标设定都是由上而下进行，确保真实有效，并且不涉及具体的考核数字，不强调员工的执行力，只强调目标，只要能够完成任务，采用任何方法都是被允许的，以此鼓励员工采用各种创新性的工作方法。

在谷歌的OKR之前，摩托罗拉、柯达等许多老牌巨头都曾尝试过激励政策方面的创新，也曾提出过各种具体的鼓励措施，但最终都没能成功，原因之一就在于其激励机制并不充分，且这些企业不愿意放弃控制，给予员工自由发挥的空间不足。其实，像这样的大企业可以考虑将实验室机制与风投

机制结合起来，借助风投行业的里程碑管理机制实现内部创业的激励与绩效管理。

在这个科技与经济瞬息万变的时代，传统的规模经济已经不再是制胜法宝，反而会给企业带来更大的风险，而小项目的多样性组合因其无可比拟的灵活性赋予企业更强的反脆弱性，就算其中有的项目最终失败，也会因为其他项目的成功使企业免于分崩离析。正如自然界的生物进化一样，规模巨大的恐龙尽管曾经做过地球的主宰，而如今只余几具化石存于各国博物馆。企业若要避免这种结局，只能依靠内部创新转型成为小公司的集合体。

海尔的内部创业：让员工成为创客，探索"人单合一"新模式

受国际金融危机的影响，我国的就业形势面临着严峻的形势，高校毕业生就业压力越来越大，很多毕业生在毕业的时候选择了创业这条路。有的人将目光瞄向了现在正被炒得火热的智能家电领域。他们有自己的创意点子，却因为没有足够的资金、缺乏开发软件、机械工具等原因止步不前。而海尔创客实验室的创建，让创业者们看到了希望。

从2014年开始，海尔就一直在公益领域探索新模式，将公益融进了海尔的互联网转型中，并由此创建了海尔创客实验室，鼓励有创意的创客进驻实验室进行大胆尝试，帮助他们将创意转化成生产力。

创客实验室是一个公益性的社会化智造平台，平台上汇聚了大量有丰富创造力的高校大学生，创客实验室搭建了线上交互平台和线下实体实验室，同时也囊括了国内外的创投机构、供应链资源和营销渠道等，可以为大学生提供跨专业、全流程的项目孵化体系，从样本制作到最后产品的营销推广等环节都提供实际性的帮助。同时，创客实验室也是教育部"万企千校工程"的重要承接平台。

➡ "雷神"的启示

随着海尔在互联网转型的道路上越走越远，创客们也被看作是奇迹的创造者。海尔从1984年创立至今，已经经过了30年的风雨历程，并取得了不错的成绩，在全球拥有五大研发中心和24个工业园，海尔集团在2014年的营业额突破2 000亿元。

在2012年年底，海尔正式进入"网络化战略"发展阶段，开始朝着平台化的方向发展，将每一位员工都变成创业者，对用户的个性化需求实现快速响应。

目前活跃在海尔创业平台上的自组织团队已经达到了2 000多个，一些发展成熟的团队也逐渐成为了小微公司。截至2014年6月底，海尔的创业平台上已经拥有了169家小微公司。

企业走向平台化、员工实现创客化、用户逐渐个性化，是未来一个重要的发展趋势。"雷神"游戏本是一款具备强大游戏功能的笔记本电脑，如图5-11所示，它的研制就源于海尔的员工创客化。

图 5-11 "雷神"游戏本③

这款笔记本电脑可以说是在 30 万条评论和 6 个 QQ 群中诞生的,它的创作团队就是由海尔的几名员工组成的,他们通过贴吧、论坛、QQ 群等通道与用户进行交流互动,获得了 80 多万粉丝,同时,在与用户沟通的过程中,他们找到了用户的需求痛点,从而催生了这款产品创意的出现。

随后他们通过整合上游的资源和内部的无边界团队,从用户的需求出发构思出了产品创意,再将产品研发出来并邀请广大游戏爱好者试玩,并依据他们的评论和反馈对产品进行调整和改进,然后在互联网上进行预约销售,最后重新回归到交互平台进行痛点交互,这样一来就形成了一个完整的产品从创意产生到最后上市的闭环。"雷神"游戏本刚一上市就受到了广大游戏爱好者的追捧,在同类型的产品竞争中取得了不错的成绩。

现在,"雷神"已经有了相当大的名气,不仅吸引了创业导师的关注,还获

---

③ 图片来源:腾讯网

得了风投资金的支持，并正式进入小微化发展阶段。

"雷神"在下一步将朝着游戏本行业第一品牌的目标发展，将粉丝队伍发展到 200 万以上的规模；"雷神"在将硬件逐渐做强之后，计划在 2016 年逐渐将战略重点放在软件领域，试图构建完整的游戏软件生态圈，并发展 300 万以上的粉丝。而未来，"雷神"的目标是打通游戏产业链，开展游戏的运营和推广工作，进入游戏文化产业，并将粉丝的数量涨到 600 万以上。

从"雷神"的发展中可以得出，每个人都可以成为创客，只有你有创意、敢决策，你就可以将创意变成现实。企业应鼓励每一位员工在平台上找到自己的价值。

创客的乐园

在互联网时代，要想紧跟时代的发展，就要跟上用户点鼠标的速度，因此员工要转变思路，从过去跟领导的指示走，转变到如今跟着用户的需求走。这样一来，员工就变成了创客，可以通过发挥主观能动性来满足用户的需求，企业则变成了为员工服务的平台。

随着海尔向平台化企业转型，员工不再是平台上唯一享受服务的创客，社会上的创客也可以利用平台上的资源实现自己的价值。

海尔还经常组织和参与各种创客活动，包括创业大赛、卡萨帝第四届创艺大赛、百度 91 开发者大赛、安卓全球开发者大会、开发者大赛等。2014 年举办的校园开发者大赛，吸引了 300 所学校和 1 000 支队伍的参与，最终来自北京邮电大学的"智慧网关"获得了冠军。

为了给有创意的人搭建创客平台，让他们的思想创意绽放最绚丽的色彩，海尔专门成立了"M-LAB 创客实验室"，将具有独特创意的人吸引到平台上来，让他们的思想在碰撞中擦出火花，产生创意，然后通过具体的行动将这些创意变成现实。创客们在海尔搭建的创客平台上可以获得创意展示、开放交流、项目孵化以及相应的资金支持，从而推动创意的实现。

如果创客们有一个良好的产品创意，但是缺乏相应的硬件、软件以及资金等，这时候海尔对于他们来讲无疑是雪中送炭者，海尔不仅可以为他们提供其所需的硬件和软件，同时也提供相应的供应链整合服务，从创意的研发设计，到生产、销售、物流配送等。海尔网上商城、日日顺以及渠道合作伙伴国美、苏宁、天猫等都可以成为产品的销售渠道。

➡ 平台的力量

作为国际知名一线家电品牌，海尔集团为顺应互联网时代的发展潮流，也在积极地进行变革，朝着平台型企业的方向迈进。

在互联网时代，消费者的需求越来越个性化和细分化，过去金字塔式的企业组织架构和传统的生产、销售流程已经难以抓住消费者的需求痛点。因此，海尔决定冲破传统桎梏，通过创建平台型企业，让更多的小微企业找到需求痛点，研发和生产出让用户满意的产品。

海尔在鼓励员工积极创新、成为创客的同时，也支持思维活跃、富有创造力的大学生成立自己的创客组织，并为他们提供丰富的活动、足够的资金和先进的设备。

目前，海尔的创客实验室已经落地北京、上海、青岛、广深、西安、成都、武汉、长春8个城市，同时与北京理工大学、同济大学、山东大学、浙江大学等多所高校开展了合作，以支持大学生的创业活动。

海尔与高校展开合作的形式主要有两种，如图5-12所示。

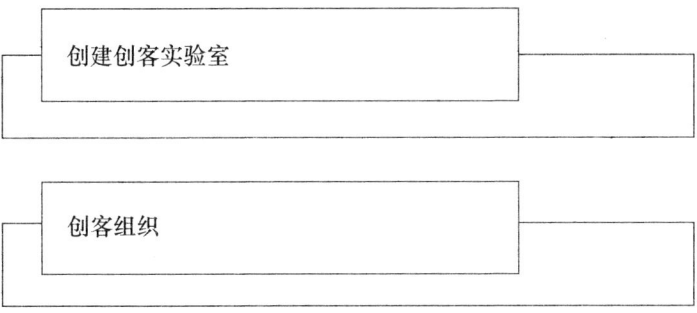

图 5-12　海尔与高校合作的两种形式

★一种是创建创客实验室，由合作的高校提供实验室所需的空间和设备标准，海尔则为其提供设备和资金等支持，校方还要为实验室配备专门的辅导老师和核心的学生成员，并为他们提供指导和帮助。每一个成立的创客实验室都有独立的编号，并挂牌，作为一个专门的组织存在。

★另外一种合作形式就是创客组织，由学生发起和组成，老师提供相应的指导和帮助，同时充分利用当地创客空间的有效资源。海尔会为创客组织提供活动经费，也可以通过赞助创客组织所在学校的创业活动为他们提供支持，帮助他们将理想变成现实。

海尔 M-LAB 创客实验室总部通过对各个联络区接口人进行筛选，选择出担任各高校创客实验室总负责人的最佳人选，然后由总负责人选拔创客实验室的 3 名核心成员，2 名辅导员，其中 3 名核心人员的主要工作就是进行实验室的运营、企划以及产品的研发。在核心团队之下还可以选拔 10 名骨干成员和一定数量的普通成员，为核心团队的运作提供有力的支持。

海尔的目标是发展成为一个公共科技服务平台，构建一个包括"创客市场"、

"创客实验室"、"创客微工厂"以及"创客银行"在内的生态链,为创客们分别提供锁定市场、生成创意方案、将创意变成现实以及寻找项目资金的服务。

➡ 实现"人单合一"双赢模式,让员工成为创客

在"企业平台化、员工创客化、用户个性化"的战略主题下,海尔正在积极探索实现"人单合一"的双赢模式,创建员工实现自我提升和自身价值的平台,鼓励每一位员工变成创业者。这一模式的探索不仅赋予了人力资源管理在新时代的一种新内涵,也是海尔在互联网时代顺应潮流发展的积极探索。

(1)人单合一

在所谓的"人单合一"的双赢模式中,"人"代表员工,"单"指的是用户需求,"人单合一"就是要让员工和用户融为一体,而"双赢"则是员工在围绕用户开展价值创造的过程中对自我价值的实现和提升。

人单合一的双赢模式踏准了时代发展的节拍,与传统的管理模式相比,两者最根本的区别在于:在传统管理模式中,企业在其中发挥主导作用;而在人单合一的双赢模式中,用户发挥主导作用。互联网时代,用户至上,用户甚至可以决定一家企业的生死。因此在新时代,企业要想生存下去,就要紧紧抓住用户,跟上他们的步伐。

而与用户接触最多的就是企业的一线员工,因而企业要给一线员工充分授权,让他们可以有最大的自主权和决策权,以对用户的需求做出最快的反应。人单合一的双赢模式就是要让员工从执行者变成自主创新的主体,这样一来,员工与企业之间就形成了一个新的关系格局:从员工对企业指令和政策的言听计从,到现在员工作为主体,积极发挥主观能动性,围绕用户开展创新探索。

从本质上来讲,人单合一的双赢模式就是员工可以自主根据市场变化进行决策,

满足用户的个性化需求，同时也可以根据为用户创造的价值来获得收入。

（2）组织创新

传统的组织是一个正三角的结构，上面是企业的领导，下面是员工。在这种组织结构中，上级领导发出指令，下级员工必须服从执行，员工的自主权受到了极大的限制。而海尔推行的人单合一的双赢模式，将这种组织实现了扁平化，形成了一个动态的网状组织，从而催生了一批自主创业的小微团队。

在海尔平台上，一共有3种小微组织，创业小微、转型小微和生态小微，如图5-13所示。创业小微是在一个项目从无到有的过程中孵化出来的组织；转型小微是由正在成长、成熟的产业模式转型而来的小微组织；第三种是生态小微，"车小微"就是典型的生态小微，每一辆配送车都是一个小微公司，这些生态小微活跃于海尔的生态圈平台上，致力于创造用户价值。

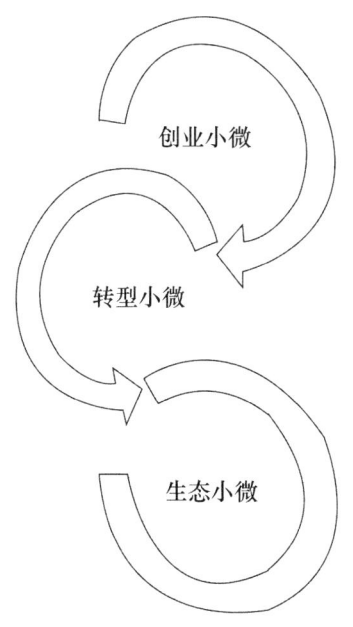

图5-13 海尔平台的3种小微组织

就这样,海尔一步一步变成了一个平台型的组织,主要表现为资源按单聚散。在平台型组织中实现按单聚散之后,员工包括在册员工和在线员工两部分,如图5-14所示。过去员工是指令的接收者和执行者,而现在员工变成了资源接口人。以海尔的家电研发为例,以前海尔家电的所有研发人员现在都变成了接口人,作用就是连接外部的资源,海尔现有的研发接口人一共有1 150多名,通过他们的力量海尔已经将全球5万多名拥有研发资源的人员接入了海尔的平台。

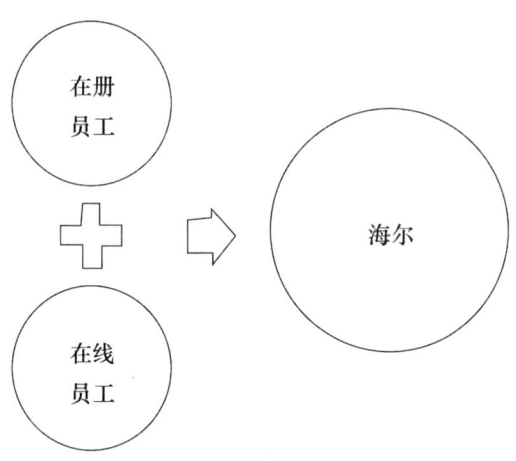

图5-14 海尔的两类员工

通俗来讲,就是海尔集团中有很多并不是登记在册的员工,而是可以在线上进行整合的员工。这些资源接口人在未来也可以自立门户,创建小微公司。

(3) 人人变成创客

海尔朝着人人创业创新的方向进行积极探索和实践,**在构建的开放的创新**

生态圈体系之下，推动每一位员工向创客转型，与此同时，整合全球创客和有关的创新资源，并借助平台的力量，推动"人人创客"局面的出现。

海尔在未来应该只有3种人：平台主、平台上的小微主和小微里的创客。在海尔原有的组织结构中，员工始终以领导为中心，其职责就是接收和执行领导的指令。

而随着互联网的发展，传统的科层制机构已经不能适应时代发展的要求，从而催生了平台化的网络组织，让员工拥有更多自主的权利，直面市场，自主决策，让用户来考核员工。这样一来，员工就变成了创业者，可以通过发挥主观能动性去挖掘潜在的机遇，发挥自身潜能，创造出更大的价值。

海尔目前正在加快向平台型企业的方向迈进，在海尔人看来，所谓的平台就是可以快速进行资源配置的框架和生态圈体系，在这个生态圈体系中的小微公司可以根据不断变化的市场自主决策，而海尔在其中发挥的作用就是为小微公司的发展提供各种资源的支持，为员工的创业提供更多的推动力。

互联网时代的到来为"人人创客"的实现提供了更多的可能，而海尔在这条道路上的探索是开辟出一条可以让"人人创客"的力量实现最大化的新道路。而且从市场收效来看，海尔在这方面的探索和创新也取得了一定的成绩。海尔已经在搭建创业平台，推动"人人创客"的过程中，实现了企业价值和员工个人价值的双丰收。

海尔的"人单合一双赢模式"已经成为国内外管理专家和商学院重点研究的对象，著名的战略大师加里·哈默（Gary Hamel）认为，现在国际上进

行类似管理改革的企业比较少,还没有成功的案例,而海尔进行的自主经营体创新相比其他的管理革新更超前。西班牙IESE商学院更是将海尔的这一革新战略纳入了自己的案例库,用于教学研究。

Part 6

合伙人制度VS股权架构：
如何牢牢地掌握公司的控制权？

联合创始人VS股权分配：如何设计公司的股权架构？

股权架构是每一个创业公司都无法回避的问题，这个问题会出现在公司发展的每一个阶段，从公司创业第一天到公司成长为巨型企业，创业者始终面临这个问题。如何搭建创业团队？团队成员之间利益如何分配？公司选择什么样的发展模式？这些问题都与股权架构息息相关。图6-1所示即为某企业的发行人股权架构图。

可以说，股权架构是最能够体现企业的发展理念、价值观念以及与其他公司差异性的关键，不合理的股权架构很容易将一家公司尤其是初创公司迅速扼杀，所以对于公司的管理者尤其是对于初创公司的创业者而言，设置合理的股权架构，确定公司股权的具体分配意义重大。企业股权架构涉及三大问题，如图6-2所示。

Part 6
合伙人制度 VS 股权架构：如何牢牢地掌握公司的控制权？

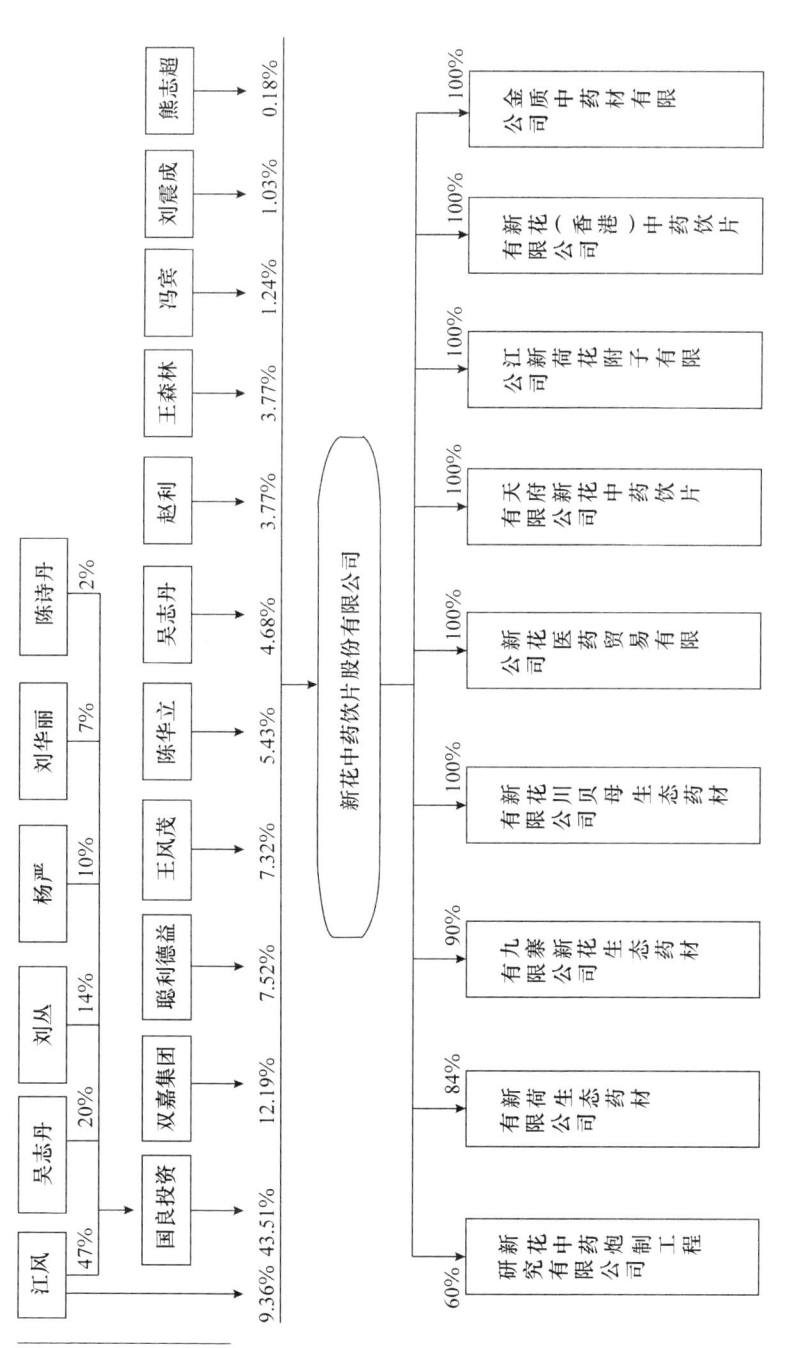

图 6-1 某企业的发行人股权架构图

① 图片来源：和讯网

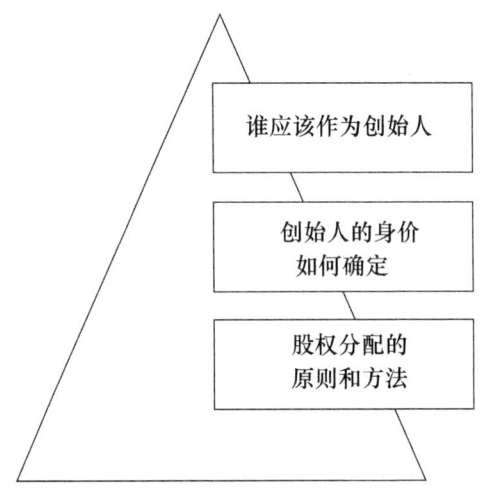

图 6-2　企业股权架构涉及的三大问题

谁应该作为创始人

要解决股权架构问题，首先需要确认谁最适合作为公司的创始人，虽然创始人看起来是个很明确的身份，但是在具体操作中，创始人的身份常常很复杂。最简单也是最常见的定义方法是将承担了某种责任或风险的人定义为创始人。再具体一点，创始人是承担了哪种风险的人？要搞清楚这个问题，就不得不提到公司的发展阶段。

一般情况下，一家公司的发展要经历创立、启动和正常运行 3 个阶段，如图 6-3 所示。

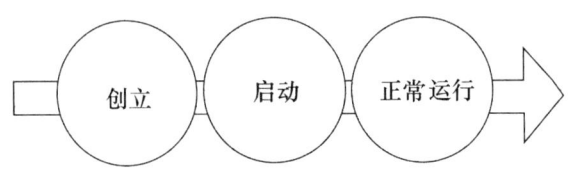

图 6-3　企业的发展会经历的 3 个阶段

（1）创立

在公司的创立阶段，公司还没有能力吸引外部融资，所有的资金都来自创始人的个人资金。一旦创业失败，创始人已经投进去的资金就打了水漂。如果创始人是全职创业就更惨了，因为那意味着创始人辞掉了之前的工作，创业失败后之前的存款打了水漂，而失去工作的创业者又没有了收入来源，只能重新找工作来养活自己。

（2）启动

如果公司挺过了创立阶段顺利启动了，也就是说，公司在运营过程中已经开始赚钱，或者吸引到了外部投资，能够支撑公司继续发展下去，这是件值得庆贺的事情，但是不要开心得太早。这个时期就算有了收入也十分有限，能勉强支持公司运营就很不错了，如果运气好的话再剩下一点，也肯定比正常上班的收入要少。更严重的是，公司在这个阶段失败的概率高达50%，若是不幸成为那失败的50%，创始人也只能再新找工作去。

（3）正常运行

如果公司又坚强地挺过了启动阶段，进入正常运行阶段，那么基本可以算是创业成功了。这个时候，从公司的盈利中刨除运营成本之后，还能剩下与市场水平相当的资金，也就是说，创始人终于可以拿到与正常工作同一水平的薪水了！如果到了这个阶段公司还是不幸失败了，创业者也不会比失败在前两个阶段损失更多。

综上所述，承担资金风险的那个人应该就是创始人了，比如那种在初创公司没有薪水的人。反过来说，如果在公司创立之初就能够领到薪水，那就被排除在创始人范围之外了。

通过上述分析，我们基本可以将创始人定义为只干活不拿钱的人，他们的主要工作就是为公司赚钱，包括为公司争取风险投资和促进公司业务发展以增加营业收入。也就是说，创始人对于公司的价值可以表现为其对公司的贡献程度以及获得的市场认可度两个方面。

创始人的身份确定之后，就该确定其身价了，创始人的身价具体表现为其分配到的股权。股权分配是一个需要谨慎对待的环节，一般会按照一个固定的公式计算出每个人应当分配到的份额，如图6-4所示。

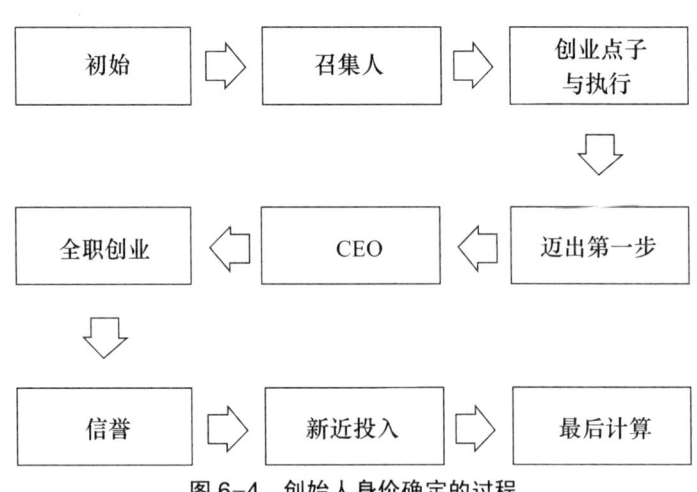

图6-4 创始人身价确定的过程

★ 初始（每人均分100份股权）

在创业初始，先给予每个创始人100份股权的初始基数，剩余部分再随着各自的贡献和市场认可度酌情增加。

★ 召集人（股权增加5%）

创业者之所以能够走到一起组成一个团队，是由其中的某个成员牵头召集起来的，无论这个人是什么身份，他对公司的贡献是不可忽视的，没有他就没有创业团队,也就没有公司,所以,他应该在 100 份股权的基础上再多得 5% 的股权。

★ 创业点子很重要,但执行更重要(股权增加 5%)

创业点子说重要也重要,说不重要也不那么重要——如果创业点子最终顺利执行下来创造出了切实的价值,那么这个点子就很重要,如果创业点子最终没有落实,或者在执行之后没有给公司带来收益,那么这个点子就没有价值。无论这个点子最终如何,提出点子的创业者应该为此得到 5% 的股权,如果这个创业者正好是召集人,那么到现在他已经具有 110 份股权了。

★ 迈出第一步最难(股权增加 5%~25%)

对于初创公司而言,迈出第一步是最难也是最重要的,这一步决定了公司未来的发展方向,为公司将来争取外部融资奠定信誉基础,所以,为项目开辟第一个阵地的创始人对于公司的贡献很大,应该得到更多的股权,应按照具体贡献的多少再分配给该创始人 5%~25% 的股权。

★ CEO 应该持股更多(股权增加 5%)

对于任意一家公司而言,CEO 的重要性不言而喻,他掌管着公司的运营发展方向和公司的具体事务,是一家公司的头脑,对公司的市场价值有着不可替代的重要影响。当然,CEO 能发挥这些作用的前提是他能够掌管这家公司,为了确保这一点,就必须分配给 CEO 更多的股份,按照惯例,这个比例被定为 5%。

★ 全职创业是最有价值的(股权增加 200%)

一个创业团队中,可能有的成员是全职工作,有的成员只是利用业余时间工作,这两种类型的成员中,全职创始人很明显是最有价值的,因为他们的工作量更大，而且承担的创业风险也更高，一旦创业失败，全职创始人还得重新找工作赚钱。

与兼职创业相比，全职创业投入的精力更多，成功的几率更高，也更容易获得投资人的认可，所以，全职创始人对于公司的融资也具有很大贡献，应该获得比兼职者更多的股份，应在原有股份的基础上再增加200%的股权。

★ 信誉是最重要的资产（股权增加50%～500%）

商业社会以诚信立身，对初创企业来说，企业的信誉来源于创始人的信誉，如果创始人团队中有成员曾经参与过风险投资的项目，并且这个项目最终运营成功，那么他的个人信誉就会成为吸引风投的利器。也就是说，这个创始人对于公司融资具有巨大的价值。创业企业甚至可以单纯为了这个原因，去寻找风投信任的创业者入伙。

基于这类人对于企业融资的重要作用，其应该拥有最多的股权，即使不是最多，也要再增加50%～500%的股权，具体的比例取决于该创始人的个人信誉高低。

★ 现金投入参照投资人投资

创业公司的启动资金全部来源于创始人团队的个人投资，但是一般情况下，团队中每个成员的投资比例各不相同，有人投入的资金多些，有人投入的资金少些，那么不同成员应该获得的股份多少也应该不同，投资多的人应该获得更多股份，他们投入的资金更多，承担的风险更大。如果公司盈利他们获得的收益也应该更多，比如公司估值为50万元，那么投资5万元的创始人就应该凭借这些现金投入获得10%的股权。

★ 最后进行计算

按照上面描述的方法，计算出每个创始人应该获得的股权份额，然后将每个人应获取的份额加在一起作为股权总数，用自己的份额除以股权总数，得到的结果就是每个创始人的持股比例。比如由3个成员构成的创始人团队中，每个人应该获得的股份分别是200份、150份和250份，那么这家公司的股份总额就是600份，每个人的持股比例分别是33%、25%和42%。

股权分配的原则和方法（如图6-5所示）

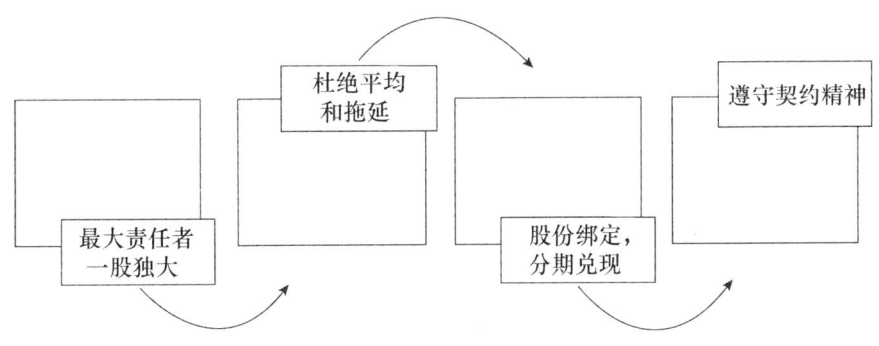

图6-5 股权分配的四大原则

（1）最大责任者一股独大

股权分配的首要原则，就是要确保承担最大责任的创始人获得最多的股份，避免平分股权。因为一家公司的决策权必须集中于一个人手中，才能够保持公司发展的一致和连贯，如果每个人所占的股权差不多，那么发展的每个步骤都会出现众多的分歧，很难实现一致的决策，这样的公司至少在国内还没有成功的先例。

国内比较成功的创业模式一般是由一个大股东牵头，再搭配几个与大股东风格互补的小股东，大股东承担大部分的风险和责任，负责拍板公司的所有决策，

小股东可以提出不同的意见供大股东参考,对公司有一定的影响力,但是不能左右大股东的决策。

股权分配最关键,也是最容易被忽略的原则是公平合理,股权分配必须得到创业团队所有成员的认可,只有这样团队成员才能心无旁骛地专心做事。至于如何分配才能得到所有成员的认可,除了需要全面的股权分配框架和复杂的分配模型之外,团队成员之间的彼此信任也是不可或缺的,创始人可以将自己的真实想法拿出来进行公开透明的讨论,以征求其他成员的认可。

在以往的成功案例中,创业团队的股权分配比例通常是创始人占据50%～60%,联合创始人占据20%～30%,剩下10%～20%的股份作为期权池预留给未来加入公司核心管理团队的高级人才。

(2)杜绝平均和拖延

在股权分配的原则中,平均主义和拖延是万万要不得的。股权分配是初创公司无法避免的问题,应该在公司成立第一天就把这个问题讲清楚,并且形成切实的文件,如果等到整个团队开始筹备具体的项目,每个团队成员都会认为自己付出了很多,应该得到更多的股份,这时再讨论股权的分配就很难达成一致意见,所以这项工作应该及早进行,最好在创业团队刚刚组建起来,确定要一起工作,但是还没有开始做事情的时候。就把股权的具体分配份额确定下来。

平均分配是股权分配必须杜绝的原则,尤其对国内的企业而言,平均分配意味着创业失败,因为公司没有一个掌握决策的人,不同创始人在面临同一个问题时会有不同的看法,难以形成统一的决策意见,而没有统一的决策意见,公司就什么事情也做不了。而且每个人对于公司的贡献和价值不同，平均分配也有失公允。

（3）股份绑定，分期兑现

即便是及时合理地完成了股权分配，也并不意味着万事大吉了，因为世事难料，如果出现了创始人拿了股份之后不努力工作，或者有人要中途离开等意外情况，很容易给公司带来困扰。

为了应付这种情况，美国的创业者们提出了股权绑定机制，绑定的年份没有固定的标准，通常会持续4～5年。在该制度下，任何创始团队成员都必须为公司工作一定的时期才能拿到股份，股东如果想要把自己的股份兑现，只能随着工作的年份逐年增加兑现比例，比如工作满一年可以拿到25%的股份，之后每过一年可以再兑现25%。

股权绑定应该作为股权分配的必备条款，只有加上这条才能为股权分配的公平性增加一项保障，否则，在股权分配完成之后创业者不再出力也能坐享股份，这样一来还有谁愿意努力工作？失败也就会成为必然的结局。没有股权绑定的股权分配是不完整的，不受股权绑定约束的股东是靠不住的。可惜的是，国内很多创业公司都没有意识到这个问题的严重性，这也是创业公司成功率不高的原因之一。

随着项目的进行，股东们表现出来的价值或者贡献可能会出现变化，那么原始的股权分配就不再公平。在这种情况下，实行了股权绑定制度的公司就可以利用未分配的股权进行重新分配，使合伙人得到与自己的贡献相匹配的股份，已经兑现出的股份则不受影响。

这其实是一种很公平的调整方式，已经兑现的股份是股东之前的努力换

来的，所以不应该被剥夺，而股东做的事情少了，之后应该获得的股份份额也就随之降低；相反股东做的工作多了，之后也会获得更多的股份，这样就杜绝了有的创始人在分配完股权之后就偷懒或者坐享其成的情况。可惜的是，这一方式并不受初创公司的欢迎，只有那些经历过股权纠纷的创业者才会特别重视股权绑定。

(4) 遵守契约精神

遵守契约精神，是股权分配最核心的原则。股权分配份额一旦确定，就意味着公司的利益分配机制已经确立。也就是说，每个人将来要得到的利益分配比例已经确定，如果没有实行后续的调整机制，那么未来不管每个人的工作表现如何、贡献多少以及价值高低，都不会影响自己享受的利润分成，当然也不会改变自己承担的风险比例。

股权分配完成之后，创始团队后续的工作完全靠自觉，也就是依靠对契约精神的遵守，尽最大的努力为公司创造更多价值。只有大家都遵守契约精神努力工作，才能提高创业成功的可能性，而只有公司赚钱了，那些分配好的股份才有价值，如果公司不能盈利，即使拿到再多的股份，也分文不值。

新创公司如何设计合伙人股权的进入和退出机制？（上）

在公司发展的不同阶段，创业者都会面临公司股权架构的设计问题：在合伙人开始合伙创业的时候会遇到合伙人之间的股权设计问题；在公司获得天使资金的时候会面临天使融资所带来的股权架构设计问题；公司在激发员工工作积极性的时候也会涉及员工股权激励机制,从而出现股权架构设计问题……

以上种种都说明,设计一套合理的股权架构对公司而言具有重要意义。公司的股权架构涉及公司团队的构成和管理、利益的分配等核心问题。

旧时代股权VS新时代股权(如图6-6所示)

图6-6 旧时代股权与新时代股权的几点对比

★在过去的企业经营和管理中,公司的创始人一般都包揽公司的全部事务,亲力亲为,对公司一般都是百分百控股,不需要设计股权架构;而随着市场经济的发展,企业之间的竞争愈益激烈,为了能增强自身实力,在竞争中赢得更多优势,很多创业者在创业的时候选择与合适的合作伙伴联合创业,商业社会

逐渐进入一个合伙创业时代，这是互联网创业企业普遍选择的一条路，牵扯到股权的分配问题。

★在过去，出资额的多少是决定股权分配比例的核心要素；而现在，"人"在股权架构中所起的作用越来越大。

★在过去，创始人完全靠单干，一点一点打拼和积累出公司资本；而今提倡的都是团队作战，在作战中不仅有了成员之间的相互支持，同时也可以将各自拥有的资源组合在一起，提高团队作战的基础性实力。

★在过去，企业内部的利润分成采用的是上下级分配制度；而现在创业合伙人之间实现了利益分享，可以有效减少合伙人之间因利益分配不均而导致的问题。

★在过去，职业经理人用脚投票；而现在是合伙人之间共同承担风险和分享成果。

合伙利益or合伙精神

★有的创始人认为，自己应持有公司90%的股权，然后将剩下的股权留给公司的团队。但是用这非常小的一部分股权来笼络公司的COO、CFO等，是不会起到预期的效果的，而且这样的股权架构根本不是一种合伙创业，而是在向员工打赏。

★有的创始人认为，公司的合伙人没有必要知道其他合伙人所掌握的股权情况，也不需要了解公司的财务数据。这样的经营管理形式并不是合伙创业，而是自己一个人在舞台上唱独角戏。

★有的人认为，不能与自己的朋友一起合伙开公司，因为如果牵扯到利益相关的问题，朋友就会变成敌人，可是事实上如果朋友之间都不能合伙创业，那么相互不了解的陌生人之间就能合伙创业吗？这种说法显然是有待商榷的。现实中很多成功案例都是朋友之间合伙创业，比如腾讯五虎将联合创立了腾讯，新东方三剑客创建了新东方……他们都是由朋友合伙开展的创业活动。

事实上，只要具备创业能力和创业心态，就可以通过相互磨合成为合伙人。合伙人共同创业，要经历一个漫长的过程，其中必然充满了艰辛和汗水，因此合伙人之间不能只有利益关系，还要有相应的交情，拥有一定的共同承担和共同分享的创业精神，这样才可以在创业的过程中相互扶持，共患难、同分享。

算小账or算大账

在实践中，大多数投资者趋向于通过投资的方式控股创业公司，比如很多创业孵化器利用创业者的无知，在投资了一定的金额之后就要求公司提供给其55%的股权；也有的土豪投资人依然固守着"谁有钱，谁当老大"的观念，在为创业公司投资100多万元之后就要求掌握公司70%的股权；甚至于一些比较成熟的上市公司在面对外来的投资项目时，也会痴迷于控股。

他们依然没有摆脱传统的旧观念，认为手里掌握的股权越多越好，只看到了自己为创业公司做出的贡献，没有考虑到创业公司长远发展需要持久的动力。这些不会算账的投资者使很多优秀的团队在创业的过程中失去了前进的动力，阻碍了创业公司的成长。

其实，股权应该拿多少，还有另外一种算法。

图 6-7 雷军背后的男人帮[②]

图 6-8 马云背后的男人帮[③]

---

② 图片来源：网易财经
③ 图片来源：网易财经

结合图 6-7 和图 6-8，再考虑到小米和阿里巴巴在本行业中获得的成功，足以说明一个道理：每一个成功男人的背后，不仅有一个女人，还要有一群成功的男人。这些成功且优秀的男人是支撑小米和阿里巴巴的重要力量，同时也构成了主要的股权架构。

小米公司 1% 的股权相当于 4.5 亿美元，阿里巴巴 1% 的股权相当于 20.1 亿美元。马云持有阿里巴巴集团 7.8% 的股份，但是就算只有这点儿股权，马云在阿里巴巴集团里仍然有较高的话语权，并且也没有妨碍他成为中国首富。因此股权的价值并不取决于掌握了多少，而在于公司的价值，如果公司没有价值，就算投资者掌握 100% 的股份也不会获得回报。

合理的股权架构为公司带来了核心的创业团队、战略资源以及资本，让公司可以在未来走得更远。

失控 or 控制

《连线》杂志创始主编凯文·凯利（Kevin Kelly）出版了图书《失控》，具有超人气的《罗辑思维》也倡导试验失控，当人们沉浸在失控的思维之中时，股权架构师却提出了要"控制"。

有人认为，只有小孩子才会失控，作为有思考能力和执行能力的成人，他们都在追求控制。对于这一观点，有人提出了反对意见。以阿里巴巴这个互联网企业为例，阿里巴巴是一家民营企业，马云既是公司的创始人也是公司的实际控制人，他有能力对公司进行改革，他设计的合伙人制度将股权和控制权实现了成功分离，使阿里巴巴集团摆脱了资本的控制，增强了创始人和精英团队的控制力。阿里巴巴实行这种合伙人制度是为了失控还是控制呢?

不妨说两者都需要,在股东会和董事会进行顶层决策的时候需要控制,而在发挥人的主观能动性以及人的创新能力的时候则需要失控。任何一家公司只有在控制的条件下才能有明确的发展方向,才能有清晰的运作团队;而在失控的条件下则能够让公司摆脱创始人的局限性,为公司的发展创新带来更多的可能性。**因此在控制中有失控,在失控中有控制,才是引导企业走向成功的重要动力。**

对创始人而言,要想对创业公司进行控制,最直接、最有效的办法就是对公司实现控股。初创公司在刚开始设计股权架构的时候,首先需要解决的就是创始人持股量的问题。

一般情况下,创始人的持股类型有3种,这主要是参照创始人核心创业能力的集中程度以及核心团队的运作情况进行划分的:绝对控制型,创始人拥有公司2/3以上的股权;相对控制型,创始人拥有公司一半以上的股权;不控制型,创始人拥有的股权不到一半。如图6-9所示。

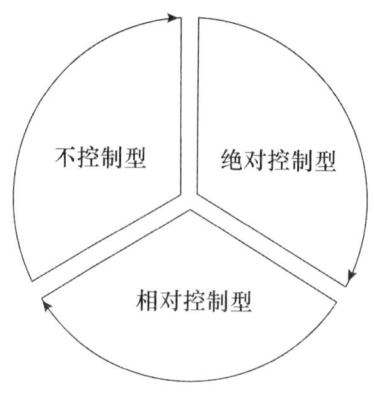

图6-9 创始人的3种持股类型

如果创始人不对公司进行控股,对公司能否拥有控制权,答案是肯定的,有限合伙、投票权委托、AB股计划等都可以实现对公司的控制。比如京东在上市之前采用的是投票权委托的控制方式，在上市之后就采用了AB股计划，并且上市前后的控制权实现了无缝对接。

那么在公司成功上市之后，创始人持有公司多少股权才算合适，才最有利于公司的成长和发展？马化腾持有腾讯14.43%的股权，刘强东持有京东20.468%的股权，周鸿祎持有360 18.46%的股权，马云持有阿里巴巴7.8%的股权，李彦宏持有百度22.9%的股权，谷歌的佩奇与布林分别持有公司14.01%与14.05%的股权，扎克伯格在Facebook持有23.55%的股权。以上数据显示，公司在上市后，创始人持有公司20%左右的股权为宜。

公司的股权架构设计理论不管多有道理，多么适应公司的发展需要，在实践中也不能对利益各方的持股数量进行精确的计算。就算是算小账，也不可能算清楚。因此在股权架构设计中，只能从大局出发，算大账，制订公正合理的团队利益分配标准，防止在设计股权架构时出现结构性问题，避免公司陷入混乱的局面。

新创公司如何设计合伙人股权的进入和退出机制？（下）

股权or限制性股权or期权

（1）股权

股权是实对实，即股东拿出资金，公司给予兑换相应的股权，投资人或合伙人持有的资金股就是这样的股权形式。

(2) 限制性股权

限制性股权是实对空，公司拿出一定股权，股东承诺将来会实现的工作目标或业绩，公司合伙人持有的人力股或者激励员工就是采用限制性股权。公司会根据预先设定的条件授予激励对象一定的股票，激励对象只有在规定年限或业绩目标符合股权激励计划要求时，才可以对限制性股票进行出售，并从中获取一定的收益。

(3) 期权

期权是空对空，公司采用了空头支票，员工空头承诺未来会提供一定的业绩或目标，这种股权形式适用于员工。公司授予员工在一定的期限内可以按照固定的期权价格购买一定数量公司股票的权利，员工在行使期权的时候，只需要支付期权价格，而不必在意股票的交易价，就可得到相应的股票。员工可以获得期权价格和当日交易价之间的差价。

➡ 免费or收费

事实上，公司拿出一部分股权的目的就是通过发放股权的方式，选出一支有创业能力和积极性的创业团队。

发放股权的过程是公司和员工互相选择和印证的过程，公司通过对团队的判定，给予他们相应的股权，而团队成员对公司的选择也足以说明他们对公司的未来充满了希望。因为是团队成员自己做出的选择，因此他会有更高的参与意识，也会将公司的事当成自己的事。有的成员一开始就是比较好的创业合伙人，而有的成员则需要经过磨合和影响才能成为搭档。有的人关注的是眼前利益，而有的人则会将目光放得更长远一些。

Part 6
合伙人制度 VS 股权架构：如何牢牢地掌握公司的控制权？

公司可以根据团队成员的能力和对风险的承受能力给予相应的薪酬、奖金、期权、股权或者限制性股权等。

⇒ 股权架构设计

对于有创业能力和创业积极性，并且经过磨合建立了合作伙伴关系的合伙人，接下来就要谈及利益的分配问题了。讨论好这一问题才不至于以后因为利益分配使合伙人之间产生不可调和的矛盾。那么应该怎样与合伙人讨论利益的问题呢？

苹果公司之所以能获得如此大的成功，最主要的原因就在于其将硬件、软件和服务三者很好地融合在了一起。鉴于此，小米科技的目标就是要成为一个铁人三项公司，即"软件+硬件+互联网服务"，并将其作为公司的核心竞争力，如图 6-10 所示。如果对小米背后的合伙人进行分析，不难发现这些合伙人几乎是完全适应小米商业模式的发展需要的。

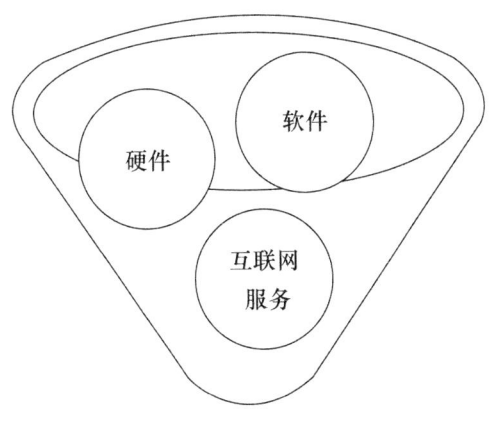

图 6-10　小米的核心竞争力

寻找合伙人，也是对创始人的一种考验，看看其能否对未来的创业方向做深入的思考。一方面，创始人要考虑和确定好未来公司的商业模式以及核心业务节点；另一方面，创始人要思考应该组建怎样的合伙人团队来支撑商业模式的发展。只要能够弄清楚商业模式和合伙人团队，公司的股权架构也就基本形成了。

在过去，创始人只需要花费30%的时间来创建一种服务，剩下的70%的时间用来做好营销就能收到不错的效果。但是随着时代的发展，这种商业模式发生了颠覆性的变化，依然用30%的时间来打造商品或服务已经不能对消费者形成足够的吸引力。从一些成功企业的经验来看，他们之所以能受到消费者的广泛欢迎，并不是做的广告足够博人眼球，而是其良好的产品和服务在市场上建立了良好的口碑，从而使其在市场上占据优势地位。

有的公司为了避免因利益分配不均而出现的问题，选择了平分股权，但是这种股权分配方式的症结并不在于技术环节，而在于合伙团队的成员构成。打个比方来说，这个创始人团队是由"曹操、刘备、孙权"共同组成的，因为3个人谁也不服谁，不能决出谁做老大，这就导致在进行股权分配的时候会出现很多问题，而如果这个合伙团队是由"刘备、诸葛亮、关羽、张飞"4个人组成的，虽然成员数量增加了，但是因为四者不是相互对立的关系，并且能比较清晰地确定谁是老大，这样的组织结构在分配股权比例的时候就相对容易多了。

➡ 投资针对的是人还是股权架构？

以一个创业者的创业经历为例，创业者在创业的时候自己拿出了30万元的创业成本，但是这些资金还不足以支撑他实现自己的创业之梦，于是他就说服朋友投资了70万元，因此在对公司的股权进行分配的时候，他们选择了一种最直接、最简单的方式，即按照出资的比例划分股权。于是创业者自己持有公司30%的股权，而作为投资人的朋友持有公司70%的股权。这样看来似乎并没有什么问题，但是后来随着公司的不断发展，各种问题接踵而至。

★创业者作为公司的实际控制人劳心劳力，为公司的发展投注了巨大的心力，但是在公司中只是一个小股东，自己感到了心理不平衡。

★公司的股权进行了全部分配，没有预留股权利益空间，合伙人难以在公司中获得股权，因此让公司失去了很多可以获得合伙人支持的机会，阻碍了公司的成长。

★股权架构不够合理，虽然公司成长很快，但是因为股权架构的问题，很多投资机构都不敢对公司进行投资。

如果公司在初期不能建立合理的股权架构，那么就会影响投资者的投资。

虽然创始人拥有强大的创业能力和丰富的创业理念，了解产品、技术以及运营对公司发展的重要性，但是如果对股权架构不清楚，那么即便产品再好，技术再先进，公司也不会走得长远。

创业合伙人的角色扮演

创始人在为公司寻找合伙人的时候并不是单纯地为公司找到一个资金依靠，而是需要其在公司的经营管理中也发挥重要作用。因此通常情况下，创业合伙人需要在企业中扮演3种角色：公司的投资者、公司的全职运营者、公司的员工。如图6-11所示。

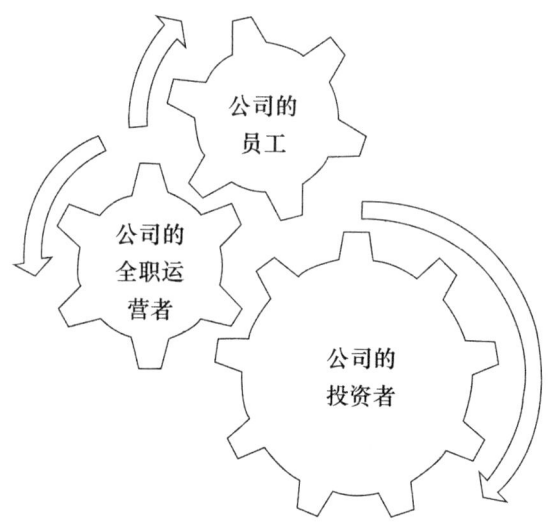

图6-11 创业合伙人在企业中扮演的3种角色

★**公司的投资者**：合伙人作为公司的投资者，会取得公司小额的资金股，对互联网创业公司来说，所有合伙人的资金股加起来应该不能超过20%，从而为企业提供了更大的发展空间。

★**公司的全职运营者**：作为公司的全职运营者，合伙人可以获得公司的大额人力股，合伙人取得人力股的参考标准是其在公司的全职服务年限以及相关的业绩考核。当合伙人离职或者在工作中没有达到相关的业绩标准的时候，公司可以按照约定的价格回收合伙人的股权。

★**公司的员工**：公司的合伙人也是公司的员工，他们也应在工作中领取相应的工资。

股权分配会出现哪些大坑？

如果公司的产品出现问题，可以进行迅速改进，毕竟产品都是在不断改进

Part 6
合伙人制度 VS 股权架构：如何牢牢地掌握公司的控制权？

中一步步走向成熟的；如果公司的技术出现问题，也可以招聘一些技术水平比较高的员工来提升公司的技术水平；如果公司的运营出现问题，可以换一个运营者。但是如果公司的股权架构存在问题，创始人应该怎么做呢？

大概会出现如下几种结果：

★创始人无法掌控公司，公司失控，最终走向没落；

★合伙人之间出现矛盾和内讧；

★公司的股权架构不允许其他投资人进入；

★公司决策效率低，公司的工作效率受到了严重的影响；

……

出现的这些结果要么是没有解决办法，要么是需要投入极高的纠错成本，因此对创业公司来说，如果不能设计合理的股权架构，那么所带来的结果都是致命性的。

那么怎样才算合理的股权架构？从哪些方面才能看出一个公司的股权架构是否存在问题？以下是几个参考性的标准，创业者可以通过自查，来了解自身的股权架构是否存在问题：

★公司没有明确的老大；

★公司里只有员工，没有合伙人；

★公司的股权按照出资人的出资比例进行划分；

★资金股在股权中占有的比例过高；

★全职核心团队股权，没有退出机制，或者创始人为合伙人设定了相应的

退出机制,而这个退出机制对创始人自己没有约束性;

★创始人为核心团队强制性地设定了退出机制,但是团队不能理解其公平性和合理性,对退出机制持反对意见;

★外部的投资者对公司进行控股;

★公司给兼职人员发放了大量的股权;

★为短期资源承诺者提供了大量的股权;

★为投资人预留股权;

★创始人没有给合伙人团队预留股权;

★没有为配偶股权设定退出机制;

★继承股权没有退出机制。

如果创始人在自查的过程中发现自己的股权架构中存在以上几种情况,说明公司的股权架构确实有些不合理的地方,创始人应该及时对股权架构进行调整,为公司今后的发展奠定良好的基础。

解析阿里巴巴合伙人制度:战略董事会与控制权之争(上)

阿里巴巴互联网公司的发展盛况在2014年9月19日这一天已为世人所共睹。这一天,阿里巴巴在美国纽约证券交易所上市首日便赢得250亿美元的融资,这个数额突破了全球IPO(首次公开发行上市)纪录。在这之后,阿里巴巴的发展呈加速趋势,很快跻身世界互联网公司的前列,成为世界第二大互联网公司(谷歌为世界最大的互联网公司)。

虽然已经是世界第六大公司，但是阿里巴巴在发展过程中也并不是一帆风顺的。阿里巴巴曾经向中国香港证券交易所提出上市申请，但没有成功，它作为创新性公司在上市中遇到的诸多坎坷和波折，引起了社会人士对以阿里巴巴为代表的这类公司在上市和发展中出现的问题和应对策略的讨论。而阿里巴巴的"合伙人制度"作为其公司经营的特色也成为人们的话题中心。

这里的"合伙人制度"是指在阿里巴巴集团内部，合伙人团队在董事成员的人事构成上享有很大的表决权，超过一半的董事会成员可以由合伙人团队以提名的方式来决定，如图6-12所示。合伙人与董事会的直接挂钩让合伙人团队在公司的重要决定上具有重大影响。在合伙人团队的人事构成上也有明确的规定：新的合伙人的加入需要经过现有合伙人公开投票决定，同意票的数量占到总票数的3/4以上时才能成立。

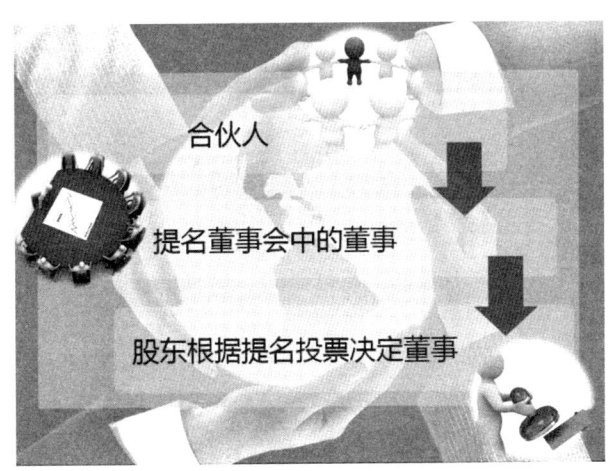

图6-12　阿里巴巴合伙人的主要权力[④]

法律意义上的合伙人是指那些投资公司的大股东，除了在公司决策中享有

---
④ 图片来源：Wind资讯

的重大权力之外,当公司在经营中出现问题时,他们需要承担连带责任。但阿里巴巴实行的"合伙人制度"中的合伙人并不是公司股东,与法律意义上的合伙人不同,他们无需对公司债务负责。

阿里巴巴在经历重重磨难后成功上市并取得了巨大成功,它运用的合伙人制度是人们关注的中心。要想真正了解阿里巴巴的合伙人制度,可以从它的本质、愿景以及该制度的实施对公司有怎样的提升作用等方面来一一分析。

➡ 合伙人制度的本质:解决两权分离问题

因为"合伙人制度"不符合同股同权的原则,阿里巴巴想在中国香港交易所上市的申请被驳回。在中国香港的上市公司中,每一个股东都有提名董事的权力,严格遵从同股同权原则,但是阿里巴巴集团不同,其合伙人所拥有的股权低于30%,而超过一半的董事人员都是由合伙人决定的。图6-13所示即为2013年阿里巴巴筹划在中国香港上市时的股权结构。这种现象在中国香港的上市公司中是不被接受的。

在阿里巴巴集团,合伙人在公司董事人事构成上的巨大权力是稳定不变的,不会因为在发展中集团融资数额的增加、股份的扩张导致合伙人拥有的股份比重降低而使得合伙人的权力降低,也就是说,合伙人团队是公司重大事项的主要决策者。

其他股东即使拥有大量公司股份,其权力也无法与合伙人相比,更不用说那些持股比例低的小股东了,而中国香港交易所认为这种治理方法没有考虑到其他股东和小股东,所以他们不允许阿里巴巴集团上市。因为阿里巴巴集团的治理原则与传统治理方法大相径庭,公众和监管部门要维持既有的市场规则和秩序要求,所以他们不可能在短期内冒着市场混乱的风险允许阿里巴巴上市。

> Part 6
>
> 合伙人制度 VS 股权架构：如何牢牢地掌握公司的控制权？

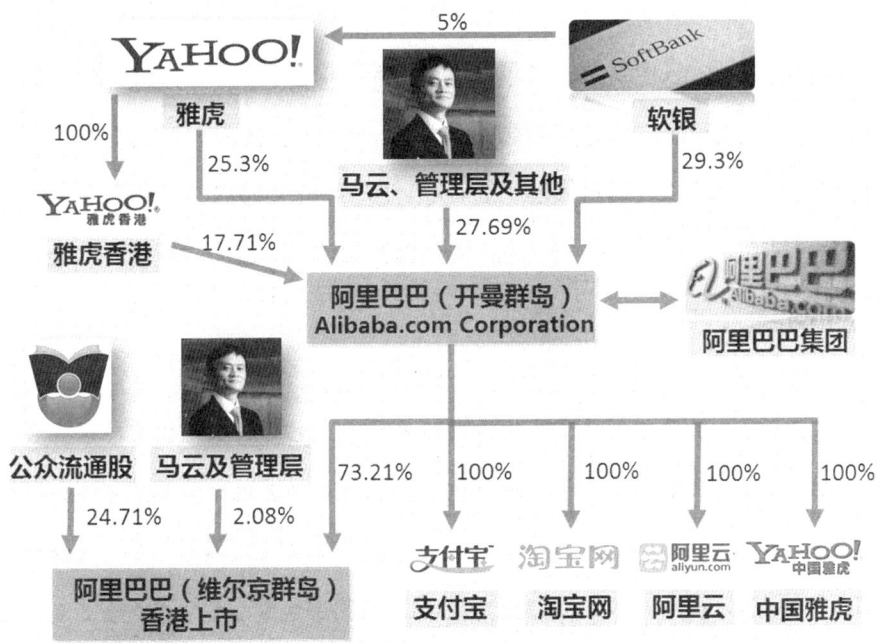

图 6-13　2013 年阿里巴巴筹划在中国香港上市时的股权结构⑤

在遭到中国香港证券交易所的拒绝后，阿里巴巴转向了美国纽约证券交易所，美国证监会和纽约证券交易所向阿里巴巴敞开了怀抱。面对阿里巴巴独特的治理原则，美国资本市场相信其监管体系能够处理好这个问题，投资者的权益也不会因为市场规则的打破而被肆意破坏。在美国，交易的合法性是由公司和投资者双方共同决定的，美国资本市场在交易中制订的规则是"披露及免责"，即公司将可能出现的所有风险信息披露在投资者面前，投资者根据风险提示和自己的能力水平等进行综合衡量，如果他们认为该公司的治理原则可以接受，也愿意在出现问题后负责，那么这种交易就是合法的。敢于冒险的投资者在美国的投资市场可以一展身手，虽然他们不一定有同等的权力，但每个人都可以

---

⑤ 图片来源：Wind 资讯

去尝试。

在美国这个极具包容性的资本市场中,像阿里巴巴这样由公司创始人控制公司的例子比比皆是。无论是华盛顿邮报、纽约时报、福特这样具有历史沉淀的大公司,还是在互联网时代催生的谷歌、Facebook 等后加入的新生力量,都是由公司创始人及其团队来控制公司的运营,像这样的二元股权结构的公司并不少见。

Facebook 是采用二元股权结构的大公司之一。它的股权结构为双层,在普通股中有 A 系列股和 B 系列股,两者在投票权之外的其他方面并没有不同,但是每个 B 系列普通股所代表的投票权比 A 系列普通股足足高出 9 个(B 级股代表 10 个投票权,A 级股代表 1 个投票权),B 系列普通股主要掌握在企业的创始人和创始人团队手中,这样,企业的运营就为创始人及其团队完全掌控。

后来,Facebook 在发展的过程中积极借鉴其他企业的经验,根据自身的发展情况不断完善自己,由原来的 B 系列普通股主要掌握在创始人和创始人团队手中转变为 B 系列普通股完全由公司内部人员掌握,进一步建立了垄断权力,加强了对公司的控制。

也就是说,除了公司创始人和公司内部人员,拥有 B 级股的只是那部分公司没有正式上市前的投资者,这样的措施更是吸引了机构投资者的注意。我们可以分析一下 Facebook 在上市前的股份发行和股份占有情况:在发行的 17.59 亿 B 系列普通股中,有 5.34 亿掌握在创始人马克·扎克伯格手里,而且,扎克伯格也是 Facebook 的董事长和首席执行官,他对整个公司的控制之大不言而喻。

有人会质疑,拥有 B 系列普通股的投资人集中起来会形成权力垄断,这样即使是创始人的权力也无法与之匹敌,这对公司的发展来说是不利的。Facebook

也看到了这个弊端，并通过股票代理协议的方法来避免公司出现这样的问题。

所谓的代理协议，是Facebook与其投资者达成的一个授权协议：在一些特定的情况下，公司需要针对某个问题做出决策时，股东将表决权授予创始人扎克伯格。那么扎克伯格到底拥有多大的权力呢？达成协议的这部分投资者所拥有的投票权与扎克伯格个人的投票权相加后，最终扎克伯格以58.9%的投票权占据压倒性优势。为了避免公司在上市后出现问题，协议签订时就表明它在公司上市后仍然有效。这个协议从根本上杜绝了权力集中可能出现的危机。

大多数企业上市的目的是融资，可是阿里巴巴集团并不是为了这个目的才去上市的。阿里巴巴集团本身的资产不少，而且如果真的需要融资，也可以通过其他方式。这样说来，阿里巴巴上市肯定是有其他原因的，而且非这样做不可。这还要从2005年雅虎的收购说起，2005年，阿里巴巴集团40%的股份被雅虎收入囊中，这个数目绝非小数，一旦出现权力集中，会对阿里巴巴创始人马云及其团队在公司中的地位构成巨大的威胁。

为了避免危机的发生，事后马云及其团队想要收回雅虎的股份，并为此绞尽了脑汁。阿里巴巴于2011年采取收回支付宝的行动，这样做的初衷是从监管部门拿到合法牌照，但是行动实施后遭到了许多非议，出现了料想不到的后果，这更激发了马云及其团队加强对阿里巴巴控制的决心。

所以说，融资并不是阿里巴巴集团上市的真正目的，阿里巴巴上市主要是为了收回马云及其团队的掌控权。因为阿里巴巴与雅虎达成的协议是，阿里巴巴要在2016年之前首次公开募股才能够重新获取雅虎手中剩余的阿里巴巴股权的50%——上市成了阿里巴巴收回股权的唯一方法。图6-14所示为2005～2012年阿里巴巴的股权变迁。

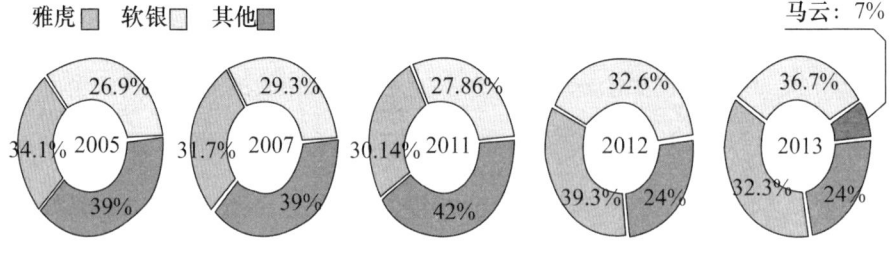

图6-14 2005～2012年阿里巴巴的股权变迁⑥

所有企业的创始人都希望自己在企业的地位不被削弱,都希望自己能在企业的重大事件上具有决策权。创始人们采取的方法不一样,但殊途同归,最终目的都是为了捍卫自己的地位。Facebook、谷歌、京东集团采取双层股权结构来保证公司创始人的控制地位;网宿、汇川则与投资人签订股票权协议,避免出现投资人权力集中而构成威胁的情况。这些方式都能确保创始人的控制权,而且具有成功的经验可以借鉴,但是阿里巴巴依然独辟蹊径,采用还没有先行者试验的"合伙人制度",这当然也是有其原因的。

合伙人制度比双层股权机构更适合阿里巴巴,主要表现为如下两点。

---

⑥ 图片来源:虎嗅网

（1）双层股权机构对创始人的控制地位的维护发挥着鲜明而有力的作用，创始人关于公司未来发展的设想通过这个模式能够变为现实，但是这个模式并不十分适合团队。团队在公司经营中要实现的并不是个人关于公司的设定，而是由合伙人组成的整体为公司设定的共同奋斗目标。合伙人制度则更适合团队的需要。

（2）在实行双层股权机构的公司，继承者与公司创始人对公司的愿景是否一致，以及继承者是否有足够的能力把公司运营好，是继承者能否成为下一任领导人的决定因素。公司的发展与公司领导人的个人意志及能力具有密不可分的关系，甚至可以说是一人定成败。实行合伙人制度的公司则不同，合伙人团队是一个集体，公司的运营不是由个人意志决定，而是向着团队的共同目标发展。这样的模式能够调动公司成员的积极性和主动性，这是双层股权机构所无法做到的。

相比之下，阿里巴巴集团的目标更加宏伟一些。创始人文化对大多数公司来说是一种文化上的保障，一旦保障不在了，公司就停止了前进的脚步，甚或更加凋敝，直至彻底倒闭。阿里巴巴集团的目标是让公司随着时代的发展不断进步，而不仅仅是立足于眼前的利益。

也许在很多人看来，合伙人制度像其他公司实行的治理原则一样，不过是阿里巴巴运营的权力机构，但事实上，从阿里巴巴集团内部看待合伙人制度，这更是动力机制。阿里巴巴集团对他们独创的合伙人制度寄予厚望，希望通过合伙人制度的实施，让阿里巴巴在马云及其团队的设想下取得更大更好的发展，并在发展中探索出适合自己的新道路，完善管理方式，在激烈的市场竞争中突显自己的优势与活力。

阿里巴巴采取合伙人制度的原因，从宏观的视角来看是为了获得长足发展，从眼前阿里巴巴的发展情况来看则是为了加强控制。加强对公司的控制，也就是在公司决策上能够发挥主动性，而公司在遇到重大问题时的决策权，是由控

制公司的一方掌握的。

着眼于当前阿里巴巴的情况，创始人拥有的投票权不足以维持其对公司的绝对控制，合伙人制度实施的根本原因是为了解决两权分离问题。阿里巴巴既能解决当前的危机又能促进公司长远发展的做法非常值得肯定。

社会各界对阿里巴巴的合伙人制度有不同的看法，许多人认为这种制度有问题。但阿里巴巴用它自身的发展向我们证明，这个制度是适合阿里巴巴的发展的。合伙人自身也对公司进行了投资，只有公司取得了发展，他们才能从发展中获益。而且，合伙人在董事人事构成上的权力不是绝对的，他们提名的董事要获得多数股东认同才能上任。

除此之外，合伙人制度在退出机制方面进行了一些创新，在制度中对退休、除名做出了明确的说明和详细规定，避免制度在运行中出现问题。这项制度具有包容性，具体体现在公司创始人及永久合伙人也需要遵照除名制度规范自己的行为。同时，在发展过程中，根据公司的发展情况对合伙人团队进行相应的人事调整，让团队充满活力，具有先进性，让公司的规划及战略能安全稳定地一步步向前发展，同时又能在发展中有所创新，公司也能站在更宏观的角度去看待问题和解决问题。合伙人制度能够让公司在团队的带领下更好地去创造价值。

解析阿里巴巴合伙人制度：战略董事会与控制权之争（下）

➡ 合伙人制度的愿景：阿里巴巴基业常青

阿里巴巴的创始人马云及其合伙人团队的目标是把阿里巴巴发展成为百年

老店，让人们的工作和生活需求都能在阿里巴巴得到满足，将阿里巴巴建设成完整的商务体系。他们目前也正在为这个目标的实现而奋斗着。

合伙人制度让阿里巴巴的投资者参与到公司的管理和建设中来，他们为了公司的共同发展团结在一起。在合伙人制度下，公司的管理层对公司有很大的控制权，让公司在动荡的市场中稳定发展，也维护了公司股东和客户的利益。合伙人制度能够让阿里巴巴站在高处看问题，将在长期内对阿里巴巴的发展起到推动作用。

许多公司都曾经试图实现长期发展，华为也不例外。但华为在公司管理上采用的是员工持股，这种模式使得华为的股权无法集中，华为创始人手中拥有的股权不能对公司形成有效的控制，公司继承者也不能通过股份继承获得公司的重大事件决策权，这让华为遇到了挫折。

为了改善这种局面，让华为获得更长远的发展，华为在问题出现后及时纠正，采用了员工代表会制度。代表会定期推选的代表在公司的重大决策中具有参与权。华为公司也根据自己的情况进行了创新，轮值CEO就是华为给自己量身定做的管理制度。在这种制度下，CEO不再是一个个体，而是授权一部分有能力的人参与到公司的决策中，当然，他们需要根据董事会的意见来行事，他们的权力也有限度。

这种模式启发了阿里巴巴，阿里巴巴的合伙人制度借鉴了华为的轮值CEO制度，不再由个人决定公司的发展前途，而是凝聚众人的智慧和能力，防止因个人失误而导致公司整体出现危机。阿里巴巴的合伙人制度比轮值CEO做得更好的地方在于，合伙人制度在防止专断的同时也保证了公司高层管理的控制权。

阿里巴巴公司从创立之初就把战略的制订放在公司发展的首要位置，并视之为自己的发展动力。2001年，阿里巴巴集团确立了企业发展的任务和目标以及核心价值；3年后有了支付宝，阿里巴巴的发展开始围绕互联网金融开展；2009年有了阿里巴巴云，这让阿里巴巴成为大数据管理的先行者；后来阿里巴巴将雅虎中国纳入囊中。

阿里巴巴始终坚持3个发展步骤：先制订发展战略，再组建团队，最后实现预定目标，如图6-15所示。把战略的制订放在首要位置使得阿里巴巴的目光更长远，从而能在多个行业发掘市场潜力，在发展中抢得先机。阿里巴巴创始人马云把商业发展中的组织架构比作一个完整的生态系统。

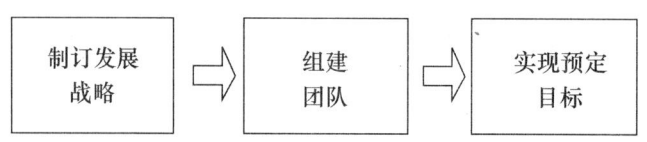

图6-15 阿里巴巴的"三步走"发展战略

阿里巴巴的发展很快，在各个行业购买股份，广泛撒网，涉足发展势头迅猛的多个领域，诸如影视行业、体育行业、软件开发行业等都能看到阿里巴巴的身影。阿里巴巴在涉足多个领域的同时积极扩大其服务范围，它的目标是在金融、数据、平台3方面获得综合发展，最终建成一个全方位的、在多个领域取得发展方向的、各个领域的发展相互补充的大型互联网服务企业。

到2014年第三季度，20多家由阿里巴巴入股或与阿里巴巴共同经营的公司成功上市，超过50个没有上市的公司项目是由阿里巴巴支持的。从中可以看出阿里巴巴发展的野心。目标虽然宏伟，但是阿里巴巴都依照自己制订的战略在将其逐步实现，战略制订的重要性就在于此。图6-16所示即为阿里巴巴的发展历程。

Part 6
合伙人制度 VS 股权架构：如何牢牢地掌握公司的控制权？

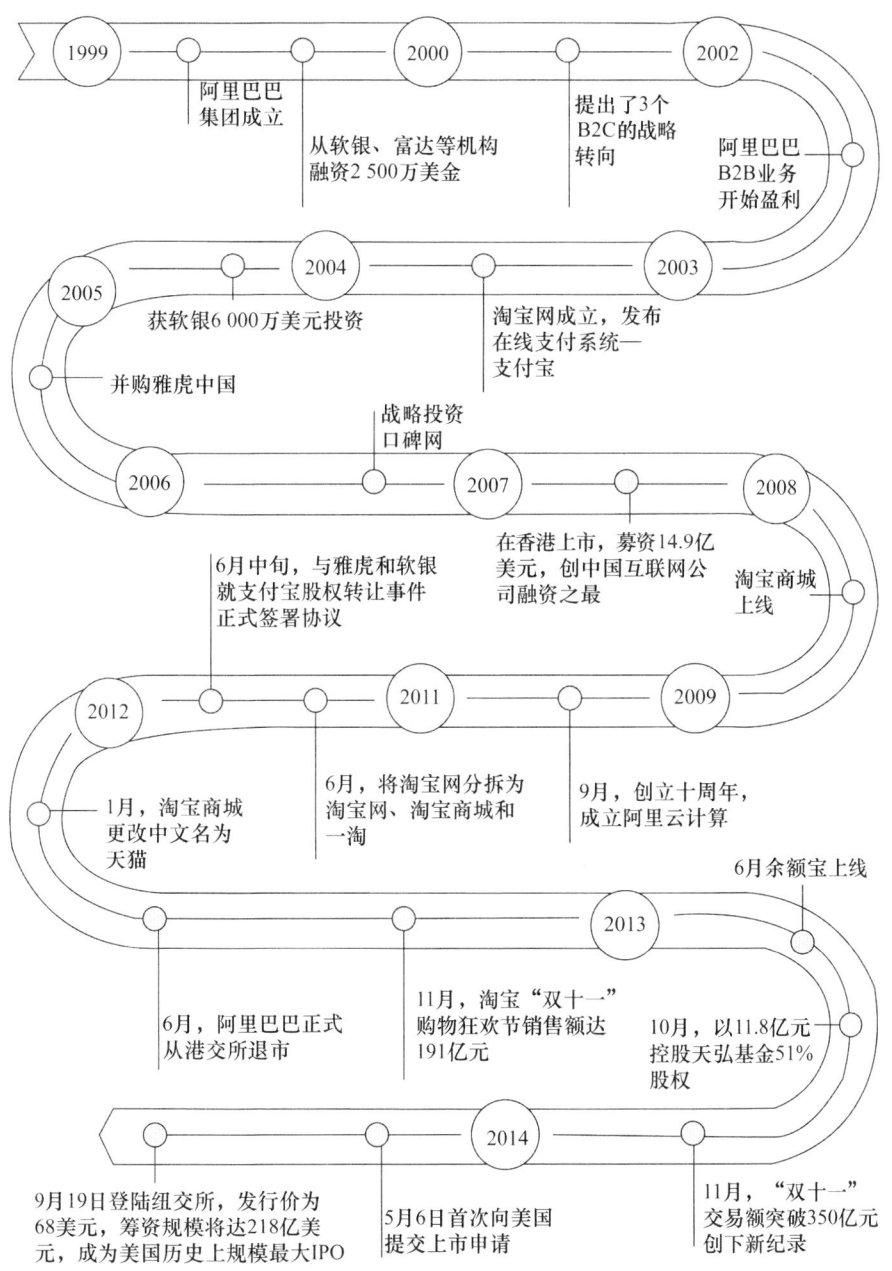

图 6-16 阿里巴巴的发展历程[7]

[7] 图片来源：《证券时报》

合伙人制：
颠覆传统组织架构的管理新思维

合伙人制度是公司发展长远规划中的一部分，除此之外，阿里巴巴还在机构设置上进行了调整和变革。

首席战略官是为公司的战略制订和规划设置的，公司创始人和创始人团队会就公司的发展方向和最终目标发表自己的意见和建议，但通常情况下他们的意见和建议还不能够直接被用作公司的发展战略，首席战略官需要做的就是从中提取精粹，让胚胎成型。除阿里巴巴之外，还没有第二家网络公司把首席战略官设在总公司领导层面，阿里巴巴不仅这样做了，为了让战略制订指引整个公司的发展，还在集团旗下公司也设置了这个职位。

合伙人制度让马云及其创始人团队把阿里巴巴牢牢掌握在自己手中，这也是阿里巴巴能够顺利走向最终目标的基础，阿里巴巴要实现百年老店的目标，没有这个基础是行不通的。当然，在这个基础之上，还需要布局好长远的战略规划，这需要在公司的制度、机构组成、目标制订上都做好准备。不过，阿里巴巴正在一步步地进行，也在向最终目标努力。

➡ 合伙人制度提升了董事会的战略性

董事会在一个公司中发挥着重大作用，优秀的董事会是公司取得长足发展必不可少的机制保证。公司投资者和经营者通过董事会紧密地联结起来，共同作用于公司的发展，阿里巴巴与其他多数公司一样，在纽约证券交易所成功上市后在公司内部设立了董事会。

董事会在发展过程中也形成了结构组成上为大多数公司所认同的模式，一般来说，董事会分为审计委员会、薪酬委员会和提名委员会3个机构，为了突出战略制订在公司发展中的地位和作用，有一部分公司在这个基础上又增设了战略与投资委员会。

总而言之，董事会设置的目的就是联结公司的投资者和经营者，让经营者在投资者的意愿下去管理公司事宜，同时鼓励经营者发挥聪明才智。

传统的董事会运营方式加强了公司创始人和投资者对公司的控制，保证了投资者的权益，但是在公司战略问题上没有给予足够的重视，习惯从当前的利益来解决公司问题。专业的研究者和分析者在总结公司运营的经验后也发现了这方面的问题，为了更好地完善董事会的组成，于是增设了董事战略委员会。

在以前的董事会中，构成董事会的4个部分（包括董事战略委员会在内）在地位上是同等的，委员会之间有明确的任务分工，各自在自己的职责范围内行事。阿里巴巴集团的董事会也设置了审计委员会、薪酬委员会和提名委员会，在战略制订上，合伙人制度为公司的长远发展提供专业的指导和支持，而且兼顾了对公司的控制。这说明了阿里巴巴集团的独创性。

不过，在战略制订上，阿里巴巴计划做出改进和调整，他们计划成立管理执行委员会和战略决策委员会，分别由董事局主席和首席执行官负责。目前阿里巴巴的战略制订是由合伙人团队来完成的，战略决策委员会成立后，合伙人团队在这方面的工作量会减少。

阿里巴巴创始人马云在公司的机构设置和组成上有自己独特的想法。他把员工的年龄和从业经验也考虑进去，由年轻人负责公司的业务执行，管理执行委员会负责具体的任命和领导事宜；经验丰富的中年人在战略决策委员会的领导下为公司制订发展目标和规划；对公司有着深层次了解的合伙人负责分配董事会人员的任务。这样的想法能使各个部门的成员在统一的领导下各司其职，不仅在理论上更有利于公司发展，也具有更强的实际操作性。

但是，目前阿里巴巴在董事会人员组成和功能实现上似乎还有漏洞。阿里巴巴的董事会成员中有4个独立董事，其他5个人中有4个是合伙人（还有1个董事会成员是软银投资者）。而其提名委员会的人员构成是：3个独立董事，1个执行董事（马云）。也就是说，无论是阿里巴巴的董事会，还是由董事会成员组成的提名委员会，在公司执行方面的作用都比较小。公司的战略制订掌握在董事会手中，但是董事会在这方面发挥的实际作用到底有多大，我们无从知晓。合伙人会议是战略制订和决定董事会提名的会议，但是这个形式目前存在很大的问题。

阿里巴巴把战略制订放在公司发展的首位，这从阿里巴巴集团把战略规划的任务交给合伙人团队的举措可以看出来；不仅如此，合伙人还负责董事的提名。这么做是因为阿里巴巴还没有到达成熟的发展阶段，需要对公司加强控制。

如果按照马云的计划，阿里巴巴在建立战略委员会后，公司的战略制订将由战略委员会负责，届时阿里巴巴的机构设置将与其他公司有更多的共同点。但是合伙人团队依然负责董事会的提名，也就是说，公司的决策权还是由合伙人团队掌握。合伙人制度是阿里巴巴集团的一大创新，通过这个新的模式，马云及其创始人团队把公司牢牢掌握在自己手中，只有这样，公司的发展才能沿着创始人团队的计划前行。

➡ 启示：如何打造战略董事会？

有些公司在发展初期机构设置还不完善，在经过一段时间的运营后才设立董事会、股东大会。在设立明确的机构前，这些机构应执行的功能和任务都通过创始人会议来执行。

这样一来，战略制订的重要性在公司发展中逐渐突显出来，创始人个人的想法和计划在专业性方面的不足会更加明显，为了公司的发展，需要设置战略制订的专业团队，董事会应运而生。董事会的设置是为了完善公司的机构设置，也是公司长远发展的一部分。

阿里巴巴创建合伙人制度是受到罗马元老院机构设置的启发。合伙人团队负责公司发展规划的商讨。但是合伙人团队并不是战略的决策者，在初步经过合伙人讨论后，董事会成员会就战略问题进行进一步的讨论。

但是阿里巴巴的合伙人会议在战略决定上发挥的实际作用比表面上更大一些。因为阿里巴巴在董事提名方面与雅虎集团和软银集团合作，在其进行合伙人提名时会获得这两大集团的赞成，而且在战略决策上两大集团也将其权力赋予阿里巴巴。这就是说，阿里巴巴的合伙人团队决定的战略在很大程度上会成为公司最终的发展战略。

阿里巴巴计划增加合伙人团队的成员数量，等到合伙人团队的规模扩大到一定程度，可能会通过合伙人会议来商讨公司的发展战略。但是阿里巴巴也计划设置战略决策委员会，这个机构设置后，公司战略就无需通过合伙人会议来商讨了。不过合伙人团队仍然具有董事提名方面的权力，这在战略决策委员会设立后也不会改变。

战略决策委员会成立后，商讨战略问题的任务由合伙人团队转移到董事会。以前由创始人决定公司发展战略虽然会存在个人专断的弊端，但由个人灵感而来的战略也具有开放性大、发展空间广阔的优势，董事会决定的战略由多人讨论而成，虽然在谨慎性方面有很大程度的提高，但也增加了决策环节，决策则会丧失开放性和灵活性。

为了在这个问题上找到平衡点，可以把经过董事会讨论的战略规划交由合伙人会议做决定，按照多数人胜少数人的原则决定战略最终是否付诸实施。

中国的公司在战略制订上普遍存在问题，许多公司都想从机构设置方面完善公司战略的制订，但是许多公司的战略制订机构并没有在公司运营的过程中发挥应有的作用，只是虚有其表。有一些公司的监管部门发现了这个问题，试图通过独立董事的作用来纠正，但是实际效果不大，独立董事也只是一个多增加的机构而已。

阿里巴巴在这方面做得比较好，他们把战略规划放在首要位置，并且把商讨战略作为董事会的主要任务，让董事会能发挥其在公司控制上的作用。

合伙人制度让马云及其团队实现了对公司控制权和决策权的统一，合伙人团队也在阿里巴巴发展初期承担了战略商讨的重大责任，这将有助于阿里巴巴的长期发展。阿里巴巴在公司控制和战略规划方面的创新为其他创业者提供了借鉴，企业应根据自身情况结合阿里巴巴的经验在制度上进行完善和创新。

阿里巴巴在治理方式上也会随公司的发展状况进行调整，战略决策委员会的设立意味着阿里巴巴也将采用与其他公司相同的模式。合伙人制度是阿里巴巴在发展初期的创新成果，但这种制度创新能否长期保存还要看它在现实中发挥的功效能否长期维持。若随着时间的推移该制度的作用越来越小，它就会逐渐被取代，最终被淘汰出局。具体而言，要看合伙人制度能否在公司的业务执行中发挥价值导向作用，这需要阿里巴巴在实践中接受考验。

Part 7

卓越绩效的核心驱动力：合伙人制度下的人才激励3.0模式

合伙人改造：全员经营体系和内部事业合伙人制度

无论是由公司内部员工通过认购公司股份参与经营的内部合伙人制，还是企业员工参与经营的全员经营体系，都是行之有效的合伙人制，可以让员工产生与企业一体的归属感，激发员工的创造性和工作热情，大大提高其工作效率，从而加快企业的发展。

然而，一成不变的体制并不能长久地发挥激励作用，在合伙人机制运营过程中进行一些恰当的调整，让员工适时感受到企业的危机，更能够刺激员工发挥主观能动性。正如道家提倡的辟谷养生，通过适当的饥饿来促进身体新陈代谢，重建免疫系统，企业适当地让员工感受到饥饿情绪，也能够通过对员工的刺激来实现企业的组织架构优化和正常发展。

➡ 建立全员经营体系

全员经营体系，就是指领导者将公司的竞争压力逐层传递到全体员工身上，让他们都感受到企业的压力,进而转化为每个员工的饥饿感。在这套体系的执行方面,任正非掌舵的华为无疑是其中的佼佼者。

华为之所以能够从一个小小的销售代理公司发展成为全球领先的信息与通信解决方案供应商,很大程度上来源于华为对全员经营理念的坚决执行,通过不断的体制改革与股权激励以及员工持股计划的推行,最终构建了完善的全员经营体系。

通过企业文化与管理理念,华为将企业面对的市场压力层层传递给了分散于150多个办事处的15万名员工,让每一个员工都亲身感受到企业的危机,实现了饥饿感的落地执行。

除了华为之外,很多企业也选择了这种危机传递的方式来构建自己的全员经营体系,但是具体的执行结果却各有不同。有的企业在各种原因的共同作用下仅仅将压力传递到了管理层,并没有传递到每个员工,所以也就无法取得华为这样的全员经营激励效果。企业若要真正实现全体员工饥饿感的落地执行,就必须顾全以下几个方面。

首先,必须构建完整的全员经营体系,让每一个员工、每一个岗位都参与到公司的具体经营中,让各个职能模块、业务中心精诚协作,完善公司内部的运作机制,提高每一个员工的整体经营意识。

其次,必须在整个公司内部、在全体员工中间落实以客户为中心的服务理念,以每个员工取得的市场业绩来衡量员工对公司的贡献水平;在内部经营环节,必须建立一套标准的核算体系以及交易数据库,同步公司的交易数据,提高各部门的工作效率,确保内部经营管理的透明;如果公司规模较大,经营组

织实现了细分，就必须自上而下以及自下而上进行资源整合，以追逐公司的整体利益为目标，避免各细分组织各自为政。

最后，现代企业的发展理念是以人为本，公司发展需要各类优秀人才的共同推动，需要尽可能迅速地培养出一批企业领导人，把他们打造成事业共同体，一荣俱荣，一损俱损。

➡ 建立内部事业合伙人机制

企业发展以人为本，主要由人才推动，企业与企业之间的竞争归根结底也是人与人之间的竞争，所以要想将企业整体的危机感转化为每个员工的饥饿感，**最重要的工作就是建立一套标准的、可行的人才管理机制，包括人才的选择、录用、培育、保留和激励，尤其是要建立一套高效的中高级管理人才激励体系。**

近年来，随着互联网的发展，很多传统企业开始面临来自互联网行业的竞争，随之纷纷开始思考企业生存和发展面临的危机。老牌地产巨头万科就深深地感受到了互联网带来的压力，担心地产行业会被互联网企业颠覆，于是万科在2013年年底开始了取经之路，频繁拜访阿里巴巴、腾讯、小米等互联网大鳄求取发展良策。在这次取经路上，万科从小米科技找到了适合自己发展的良策，即合伙人制度。

合伙人制度就是通过鼓励员工进行内部创业的方式，将员工转变为企业的合伙人，当企业盈利的时候，员工除了原本的工资还可以享受股本分红；在企业面临危机的时候，每个员工也要分摊企业的压力和损失。万科正是用这样的合伙人制度取代只能同甘不可共苦的职业经理人制度，通过这种饥饿感的落地为其发展保驾护航。

企业的合伙人改造效用不止于此，有的企业改造后受到企业内部员工和外部合作伙伴的认可和欢迎，甚至还会吸引原本单飞的员工回归母公司，大大增强了企业的向心力和人才力量，带来了一系列的正面效应。

基层业务人员的工作积极性被大幅度提高，进而加快了产品形态的调整；通过下放决策权力，公司运营的决策效率得以大大提高，同时人力成本也得到了有效降低；内部市场经济在产业链的每个环节形成，评价模式也由自上而下的单向评价转变为自上而下同时自下而上的双向市场评价，运营情况不好的模块自然遭到淘汰，成效高的模块得到了更大范围的推行，企业借此焕发新的生机。

合伙人改造能够为企业带来明显的成效，并且运行起来并不复杂，不过在具体实施过程中必须非常谨慎，因为企业的思维转变将带来全新的挑战，企业长期的战略布局、运行模式都需要随之调整，所以企业在进行合伙人改造之前必须做好大量的基础研究工作，并且需要明确合伙人改造的战略意义、组织策略和人才及文化策略。

★ 合伙人改造的战略意义

合伙人改造必然需要对企业现有的经营模式做出调整，企业的价值创造模式也会随之改变，这样一来，企业发展的长期规划、战略布局都需要做出调整，改造过程带来的收益和风险都需要搞清楚，然后再根据实际情况进行布局。

★ 合伙人改造的组织策略

合伙人改造的组织策略存在的分享空间具体有多大？只是进行局部的改造还是整体全部改造？组织架构如何调整？组织模式具体是什么样子？这些组织

策略都需要结合具体的行业具体的企业来构造。

★合伙人改造的人才及文化策略

在人才和文化策略方面，企业需要搞清楚合伙人的人才类型、职责与权力，人才需要遵循的规章制度、合伙人引入来源以及企业领导者如何与合伙人达成企业文化上的共识。

合伙人改造是一种行之有效的发展策略，但是这种策略并不适合所有的行业和企业，它的施行需要特定的环境与条件，是企业在特定发展阶段和背景下的产物。

揭秘永辉超市合伙人制度：从战略角度上提升组织绩效

用工难、人员流失率居高不下是长期困扰零售行业发展的重要问题，这个问题很大程度上是由于零售业员工的低收入，员工不满意自己拿到的薪酬，工作中就难以提供令顾客满意的服务，进而导致零售企业利润下降，企业利润下降了，员工收入就更难提高，所以，零售企业的用工问题长期得不到妥善解决。

为了解决用工问题，促进企业正常发展，很多零售企业进行了各种创新尝试，其中不乏成功者，来自福建的永辉超市就是其中之一，如图7-1所示。

近年来，零售企业发展缓慢，2014年中国财富500强中，零售企业仅有31家上榜，永辉超市凭借305.43亿元的营业收入占据了第176名的席位，高居超市行业之首，并且以2.3%的利润率领跑所有超市同行。

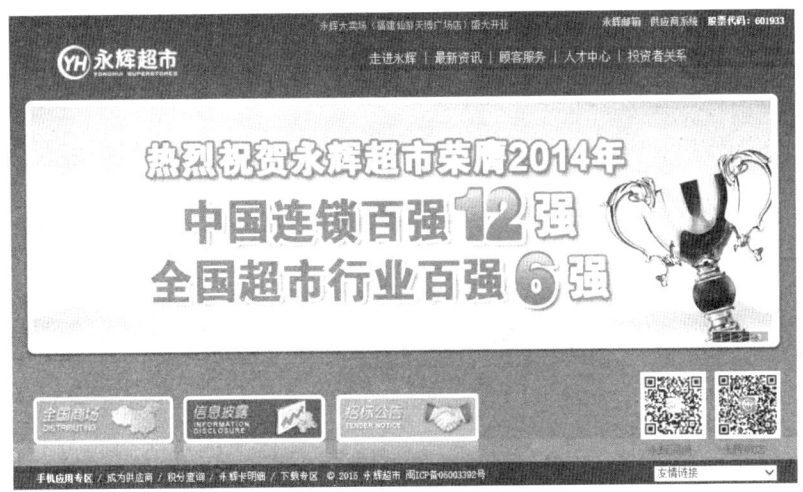

图 7-1　永辉超市网页[①]

在包括超市在内的零售行业举步维艰的大环境里，永辉超市之所以能够取得如此惊人的发展，很大程度上归功于企业自身的创新，包括永辉对待顾客的方式创新以及对待内部员工的创新激励机制，尤其是后者，贡献最大。

永辉超市创新的员工激励机制是一种合伙人机制，如果员工所在的部门或者员工负责的柜台、商品品类取得了超过一定标准的利润，员工就可以享受相应的提成，有的店铺甚至没有设定利润标准，所有的利润都由员工与企业共享。至于具体如何分配，员工与企业各拿多少，则全部通过双方沟通决定，无论是五五平分还是三七开都有可能。

➡ 一线员工合伙制

随着竞争的不断加剧，零售企业对老客户的维护以及新客户的开发越来越重视，不过员工对于企业的重要性也不容忽视。企业的内部员工，尤其是直面

---

① 图片来源：永辉超市网页截图

消费者的一线员工不仅仅支撑着企业业务的正常运作，还能直接影响消费者的购买行为。

有研究证明，多达80%的消费者在做购买决定时会受到销售人员的影响，也就是说，如果一线员工足够努力，那么他们能够让80%的进店顾客消费更多。

永辉超市正是由于对一线员工的能量有着清醒的认识，才在企业内部引入了合伙制这一激励模式，并通过对这一制度的大胆创新，大大提高了企业对于一线员工的激励效果，有效激发了一线员工的工作热情和动力。传统的合伙人制度常常应用于咨询、投资等高端行业，激励对象集中于少数高层管理人员，底层员工只有在升至高层后才有机会享受合伙人待遇，而永辉超市将其应用于基层一线员工，通过激发一线员工的积极性提升企业效益，其创新幅度不可谓不大。

永辉超市之所以进行这样颠覆性的创新，是由零售行业的行业性质所决定的。在普遍采用合伙人机制的咨询、投资等高端行业，高级雇员的工作最为辛苦，压力最大，对企业的影响也最大；而零售行业的情况则完全不同，一线员工直接影响着企业的销售情况，而且工作量大，但其收入水平却很低，难以满足生活需求，所以一线员工普遍缺乏工作动力，不能认真努力地工作，流失率长期居高不下，严重阻碍了零售企业的发展。

除此之外，超市行业还有一个严重的问题。作为超市经营内容的重要组成部分，生鲜类产品除了自身的商品本质之外，还可以凭借其鲜亮的颜色、赏心悦目的品相吸引消费者进店消费，激发消费者的消费欲望，进而促进其他种类商品的销售。图7-2所示为永辉超市生鲜品类的陈列。

图 7-2　永辉超市生鲜品类的陈列[2]

如果一线员工没有足够的工作热情，本着得过且过的心态应付了事，那么他们在摆放瓜果生鲜货品时很可能随手一扔，受到撞击的果蔬随后就会一处一处地变黄发黑，也就难以吸引消费者购买，更不用提刺激其他商品的销售了；再加上销售人员对工作缺少热情，其服务态度也很难令人满意，可能就会给超市的经营造成难以估量的恶劣影响。

要想激发一线员工的工作热情，就必须提高他们的收入水平，然而一线员工数量太多，直接加薪并不现实，如果给每个员工加薪100元，永辉超市每月就需要多支出7 200多万元，严重影响企业的利润，而站在员工的立场上，100元实在是杯水车薪，激励效果十分有限。

既想要好的激励效果，又要控制企业的激励成本，这并不是一件容易的事。永辉超市经过多方考量之后，最终实施了针对一线员工的创新性合伙人制度，让员工参与超市的收益分成。这种方式将员工的切身利益与企业收入捆绑在一

---
[2] 图片来源：腾讯网

起,一线员工只要努力工作,帮助企业赚取更多利润,就可以得到更高的收益。

这一制度实施之后,很快就取得了明显的效果。比如在果蔬生鲜商品方面,员工为了避免不必要的浪费,在摆放果蔬时轻拿轻放,并且注意保鲜,将果蔬损耗率降低到了4%～5%,使永辉超市在平均30%果蔬损耗率的超市行业鹤立鸡群。

合伙人制度改变的不仅仅是利润分成模式,还直接影响着企业的人力资源运作。将各单位的人事管理放权给一线员工,如果部门、柜台、品类等单位要招聘新人,则需要经过所有员工的同意,同样,员工流失所造成的损失也由各单位员工共同承担。所有员工被捆绑成利益共同体,使得企业的人力管理成本大幅度降低,员工流失情况也大为缓解。

为了避免这种激励制度下可能造成的短期行为,永辉超市每个月都会跟进部门、柜台、品类等各个单位的工作进度,每个季度都会根据各个单位的实际情况对项目目标进行调整,通过这样持续的跟进和灵活的调整,来获取更好的激励效果。

➡ 专业买手股权激励

一个超市里设有很多组织单位,不同的单位对于企业的重要性不尽相同,所以不同单位的一线员工对于企业的重要性也不一样。对于超市而言,掌管超市供货的专业买手——也就是处于企业供应链底端的代理人是非常重要的一线员工,在尤为注重生鲜柜台的永辉超市,生鲜买手无疑是一线员工的重中之重。

有工作经验的成熟买手对于超市所在地区的水果蔬菜市场非常熟悉,比如哪个乡镇盛产哪种蔬菜,哪个村的水果最甜。他们对于蔬果产品的自身特性也了如指掌,比如不同月份的蔬菜采摘应该选在什么时间段才能保持更长的时间,各种产品之间的保存方法有什么不同，等等。所以有经验的买手开展工作非常容易，对超市的运营贡献极大，也正因如此，买手们常常成为同行企业挖墙脚的重点对象，很容易被高薪挖走。

买手团队的重要性不言而喻，永辉超市为了维护买手团队的稳定，在公司通用的合伙人制度之外又给予了他们更大的利益——股权激励，通过发放股权的方式将买手们牢牢地留在企业内部。

永辉超市的努力远不止此，除了对内部员工实施激励政策，永辉超市还非常注重与上游合作伙伴的合作，甚至与当地的果蔬种植户建立了类似合伙人的合作关系，这项措施为永辉超市积累了一大批忠实的合作伙伴，这些合作伙伴也成了支撑永辉超市果蔬柜台的核心力量，为永辉超市的发展立下了汗马功劳。

通过创新的合伙人制度激发一线员工的工作热情，提高店内员工的服务态度，进而提升顾客体验；通过股权激励提高买手团队对企业的忠诚度；通过类似合伙人的合作机制与产业链上游的农户建立稳定的合伙关系。种种措施共同作用，才促成了永辉超市的迅速发展。

永辉超市之所以能取得长足发展，很重要的一点在于永辉超市不仅仅重视为外部客户打造良好的消费体验，还同样重视对内部员工的激励，只有让直面顾客的一线员工对工作满意，才能使之为顾客提供更好的服务，如果他们脸上长期不见笑脸，消费者自然也不会感到愉悦。

➡ 永辉超市的新"体验"业务

永辉超市通过漂亮、新鲜的生鲜货品吸引消费者入店，刺激消费者产生计划外的消费欲望，不过消费者即便购买了这些产品，如果因为不会烹饪而享受不到它们本应表现出来的美味，那么消费者再次购买的几率就会大打折扣；反

之，如果消费者能够了解生鲜产品的正确烹饪方法，那么在享受到产品的美味之后很可能就会再次购买，超市的利润也将随之增长。

考虑到这些因素，永辉超市计划推出一项新的服务——邀请擅长生鲜烹饪的家庭主妇在卖场内展示才艺，与进店消费者一起分享其擅长菜肴的烹饪方法，用色香味俱全的美味诱惑刺激店内销售。受此启发，永辉超市还计划将类似的体验式服务推广到更多柜台，比如邀请擅长缝纫的主妇在衣服鞋帽区域展示缝补技能，邀请专业的修鞋技师在鞋帽柜台分享鞋子修护知识，提供免费的修理服务，等等。通过这些举措吸引顾客入店，刺激销售。

华为"获得分享制"：合伙人制度取代传统雇佣模式

一家企业采用的管理机制决定了该企业的核心价值观和员工的工作态度，并最终在很大程度上决定了企业的发展状况和前景。已经有越来越多的企业意识到传统雇佣制度的不足，并开始用各种形式的合伙人制度代替雇佣制，大大提高了员工的激励效果，为企业夯实了人才基础。

作为全球领先的信息与通信解决方案供应商，华为在管理机制方面采用了名为"获得分享制"的合伙人制度，通过合理的薪酬分配，让华为的每一个员工都得到比社会平均水平更具竞争力的薪酬，从而激发了员工的工作积极性、主动性和对企业的忠诚度，增强了企业的凝聚力。

华为的获得分享制最早出现在2011年的某次高管会议，之后这一词汇频繁出现在华为高管的各种宣传中，任正非多次在正式讲话中宣布要落实这项制度，可见华为对获得分享制的重视与决心。

华为之所以如此重视此项制度，是因为这项制度关系着员工的切身利益，对公司人才的管理非常重要。众所周知，任何利益机制方面的变革都很容易引起员工的动荡，而企业的发展离不开人才的支撑，因而有关利益机制的变革必须非常慎重，否则容易造成严重的人才流失，给企业带来难以估量的损失。

➡️ 落实获得分享制

管理好员工的分配结构，关注到公司的每个角落，让人人都能分享到公司成长的收益。

（1）薪酬激励的对标分析

薪酬激励的对标分析要提高合理性，要管理好拉车人和坐车人的分配比例，让拉车人比坐车人拿得多，拉车人在拉车时比不拉车的时候要拿得多。

将公司员工的收入水平与社会平均收入水平做对比，一定要确定合理的对应标准，这样才能保证对比的合理性，比如计算基层员工的平均收入，不能算上员工在加班工作时获取的收入；计算公司高管的收入水平，需要把股票分红部分刨除在外，剩下的收入才可以计入对比系统，这样建立的薪酬对标管理才是合理的。

员工的所有收入包括股本收益和薪酬收益，股本收益代表着员工从前为公司做出的贡献，属于货币资本所得；而员工的工作报酬则代表着员工现在的表现，是人力资本所得。企业需要管理好这两部分收益各自的比重，将货币资本收益保持在合理的水平，重点提高人力资本收益，毕竟只有人力资本收益员工能够随时享受得到，而股票分红在更多情况下只有在员工退休后才能拿到，而企业发展指望的是现在为企业工作的员工群体。

获得分享制的成功关键，就在于将人力资本收益和货币资本收益保持一个合理的分配比例，让正在为公司工作的员工比退休员工获取更多收益，以此促

进公司的健康发展。除了华为之外,也有很多其他的公司采取了类似的员工激励政策,甚至比华为做得更为细致,比如不但保证在岗的员工比退休的员工收入水平高,而且不同工作时间段之间的酬劳也不相同。

例如,从事国际货物远洋运输业务的中国远洋船务公司,假定每月给予船员的薪酬高达 50 000 多元,但是待岗期间的员工基本工资还不到 2 000 元,如果员工被发现从事副业或者赌博,一经查实就立刻辞退。

(2)金字塔型的人力资源结构

金字塔不仅要拉开顶端差距,还要重视金字塔的基座,每一个角落的人都要关注到。

企业的人力资源架构通常呈金字塔型,位于顶端的管理人员数量少,个人获得的薪资较高,位于金字塔底层的基层员工数量众多,整体收入水平较低。企业要通过提高员工收入的方式来实现员工激励,就需要将所有员工的收入水平一起拉高,无论是金字塔顶端的管理人员还是金字塔底部的基层员工,都应该享有社会可比性的收入待遇。

如果企业只是将管理人员的收入拉高,而不关心基层员工的收入,那么很容易引起基层员工的不满,造成内部矛盾,这是企业运营的大忌。只有所有员工齐心协力才能推动企业顺利发展,所以,企业应该保证所有的员工都能够享受到公司盈利带来的收益,对优秀员工可以加大激励的力度,给予更高的薪酬和奖励,对于普通的员工也要给予其有竞争力的薪酬。

➡ 非物质激励

企业对员工的激励包括物质激励和非物质激励两个层面的内容,非物质层面的激励包括机会激励、思想激励等。非物质激励应该是让多数人变成先进,让大家都看到机会，从而拼命去努力，其发挥作用的诀窍在于激励对象的数量。

成功的机会激励应该覆盖多数员工，让众多员工感觉到机会很多，进而努力去争取；如果激励对象仅限于少数几个人，那么剩下的员工会认为机会太少，努力了也抓不住，而获得激励的员工也可能会被孤立。思想激励则是指通过表扬和适当的批评帮助员工建立正确的思想观念。

培养战略系统思维

要攻下战略机会点，不仅要靠物质激励，更重要的是要培养战略系统思维。

世界瞬息万变，几十年、几百年前，没有人会知道信息技术是什么东西，而现在我们已经进入了信息时代，几十年甚至几百年之后，社会会变成什么样子，商业社会又会出现什么样的形态，现在的我们也无法想象，这意味着企业会遇到各种机遇和挑战，要赢得发展机遇，就需要通过各种手段攻下不同的战略机会点。

企业要想抢夺战略机遇，仅仅依靠物质激励是不够的，更重要的是培养战略系统思维，这正是华为所希望的，虽然华为拥有大批的优秀业务人员，他们勇于冲锋，战斗力十足，但是缺少具有战略系统思维的领导者，因而可能错失很多战略机会点。

战略人才的缺失是一些企业的短板，也是一个顽固的历史遗留问题，解决起来需要时间，需要从人力资源机制下手，转换思维，给善于思考、适合在后方指挥的员工给予足够的肯定，从现在开始努力培养员工的战略定位才能，这样才能在未来的竞争中攻下更多的战略机会点，给企业带来长久的发展。

华为的"获得分享制"

在华为的获得分享制激励政策下，每个员工获得的物质奖励都来源于员工自己创造的价值，业务部门根据部门获取的业绩多少来决定获取奖金的多少，而不在一线冲锋的后台辅助部门则依据为业务部门提供的服务来分享业务部门创造的价值。

（1）关于获得分享制的理解（如图7-3所示）

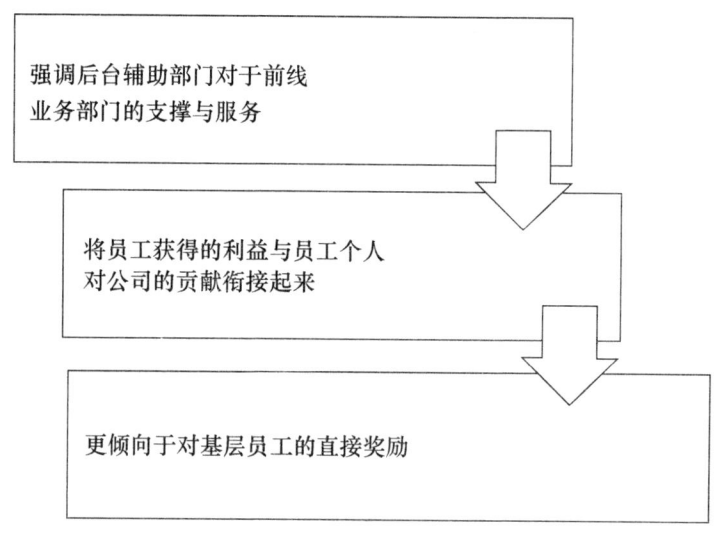

图7-3 获得分享制的内涵

该项制度通过"分享"模式强调了后台辅助部门对于前线业务部门的支撑与服务，将业务部门与辅助部门的利益联系在一起，只有帮助业务部门取得更好的业绩，后台辅助部门才能分享更多的奖金，从而加强了前线和后台的岗位合作。

获得分享制将员工获得的利益与员工个人对公司的贡献衔接起来，员工创造的价值高，得到的奖金就会多，通过员工薪酬弹性的增强，有效提高了对员工的激励效果。

与其他物质激励方式相比，该项制度更倾向于对基层员工的直接奖励，减少了层层的中间环节，也充分表明企业的运行以满足客户需求、提升客户体验为导向。

(2) 计算方法

在获得分享制模式下，企业对员工获得的具体奖励金额有一套单独的计算方法，具体包括固定比例法、升级比例法和获利界限法 3 种方式，如图 7-4 所示。

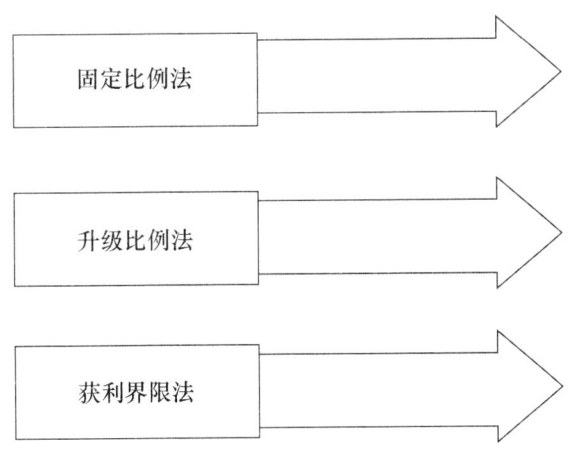

图 7-4　获得分享制模式的 3 种计算方法

固定比例法是将部门创造的利润按照一个固定的比例计算出员工应获得或者分享的奖金。

升级比例法则是在前者的基础上，将公司的利润分成不同的部分，为不同的部分设置不同的比例，例如 800 万美元以内的利润，固定比例定于 3%，超过 800 万美元的利润部分则拿出 6% 的比例用于分发给员工。这种方法虽然在操作上稍微复杂一点儿，但是激励效果比升级前的版本更好。

获利界限法需要预先制定企业获利目标的最低标准和最高标准，利润实现

后将其与预先制定的最低标准作对比,如果超过了这个标准,同时又没有超过最高标准,就按照固定比例法进行利润分成。这种方式操作起来最为复杂,但是既能够保证股东的回报,又有助于控制人工成本,比前两种计算方式更为合理。

(3) 获得分享制的优缺点

改革是一把双刃剑,获得分享制当然也不例外,尽管该制度确实有利于公司的发展,也能够给员工带来更多的收益,但是如果分享的利润在员工的全部薪酬中所占比例过高,将会造成员工收入水平起伏过大,拉大了业绩好与业绩差的员工之间的收入差距,进而会加重人才流失。

最佳人才管理实践:揭秘高盛合伙人制度与激励制度

创建于 1869 年的高盛集团是一家国际领先的投资银行,面向全球金融市场提供广泛的投资、咨询和金融服务。这家银行虽然在 1998 年改组成了一家股份有限公司,但是在之前的 100 多年间,高盛采用的合伙人机制对公司的发展起到了巨大的作用。

事实上,在股份制出现之前,西方的投资银行全都沿用合伙人制度,也正是这种制度才使其成功集结了一批优秀的业内精英,并搭建起了有效且稳定的管理构架。也正是这项制度,催生了摩根、高盛这样的投资银行巨擘。

➡ 合伙人制度

合伙人制度是一种企业架构制度,采用该制度的企业由两个或者两个以上合伙人共同拥有,企业的经营所得由合伙人共享,经营风险也由合伙人共同承担,具体的经营管理可以由所有合伙人共同进行,也可以只由一部分合伙人负责。

合伙人制度包括一般合伙和有限责任合伙两种形式。在一般合伙制度下,所有的合伙人都拥有一般合伙人身份,每个合伙人都对公司的债务承担无限连带责任;在有限责任合伙制度下的合伙人包含一般合伙人和有限责任合伙人两种,两者之间的区别在于是否对合伙债务承担无限连带责任,一般情况下,有限责任合伙人仅承担有限责任。

合伙人制度对美国投资银行领域的发展起到了不可替代的作用,其优势主要表现为以下方面。

★合伙人制度保证了公司所有者和经营者的利益,并且为他们的利益分配提供了完善的制度保障,在一般合伙人制度下,公司所有的利润以及成本由所有人平摊;在有限责任合伙制度下,一般合伙人提供1%的资金,分享20%以内的投资收益以及大约3%的管理费,剩下的资金投入以及收益则分配给有限合伙人。

★除了经济利益之外,有限合伙制度赋予了一般合伙人与众不同的管理权力,给予了他们很高的社会地位,使一般合伙人的精神需求得以满足。

★作为企业所有者的一般合伙人,同时负责企业的经营管理,并且需要为企业债务承担无限责任,所以一般合伙人在企业经营管理过程中能够很好地控制风险,并且会真心实意地努力工作,以获取客户的信任;在合伙人机制下,工作出色的员工可以被吸收为新合伙人,因而可以激励员工努力进取,进而推动企业发展。

★有限合伙制度激励与约束并重,不但拥有成熟的薪酬体系和完善的激励措施等激励机制,还在公司与高管人员签署的聘用、非竞争与保证协议方面体现出了严格的约束机制。

高盛的合伙人制度

高盛集团一直是投资银行领域的优秀标杆,成为高盛的合伙人是很多投资行业顶尖人才的理想,进入高盛就意味着能够得到丰厚的报酬和令人羡慕的身份地位。高盛的合伙人制度包含完善的激励机制和约束机制,这造就了高盛集团追求长期价值的公司文化。

在高盛的发展过程中,高盛采取的合伙人制度功不可没,这项制度的优势主要表现在以下几个方面,如图7-5所示。

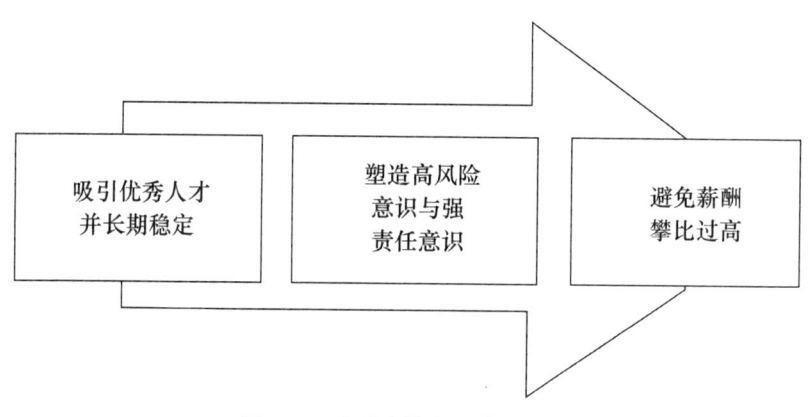

图 7-5 高盛合伙人制度的优势

(1)吸引优秀人才并长期稳定

作为一个大型跨国投资银行,高盛在全球范围内的员工超过20 000名,其中经过层层筛选最终成为合伙人的只有300人,这300人都是精英中的精英,高盛也为这些人才开出了超过百万美元的年薪以及丰厚的福利。凭借为合伙人开出的优厚待遇,高盛成功吸引并保留了大批的优秀投资精英。

(2)塑造高风险意识与强责任意识

高盛是一家投资银行,其开业务风险普遍较高,而合伙人制度将这些风险落实到了高盛的每一个投资人身上。如果公司出现了投资失当、业绩下滑等情况，并造成了收益降低甚至亏损，那么所有的合伙人都需要承受损失。因此高盛合伙人都具备了非常高的风险意识以及责任意识，在经营过程中对产品质量和投资风险的把控尤为重视，进而获得了投资客户对机构本身的信任。

（3）避免薪酬攀比过高

合伙人机制为高盛打造了稳定的合伙人队伍以及稳定的利益分配机制，合伙人共享公司利润，避免了彼此之间的相互攀比。

➡ 合伙人制度与高盛上市

高盛是最后一家保留合伙人制度的美国投资银行，到 20 世纪 90 年代，美国投行机构为了实现公司上市，纷纷以股份制代替合伙制，掀起了由合伙制企业转型为股份公司的风潮，高盛也在这股风潮的尾巴上改制成为一家股份有限公司。

投行们之所以会抛弃实施多年的合伙人制度，主要是受到了以下几方面的压力，如图 7-6 所示。

压力	扩充资本的压力
	承担无限责任的风险和压力
	激励机制的掣肘与人才竞争的压力

图 7-6　合伙人制度带来的压力

（1）扩充资本的压力

随着债券市场的发展，企业公开发行债券或者股票的规模越来越大，大大增加了投行的资金安全风险，再加上当时银行利率处于不断的变动之中，一个意外就可能导致投资银行的资金链绷紧甚至断开，各大投行都急需扩充资本，所以不得不通过上市来吸收社会资金，以壮大企业资本。

（2）承担无限责任的风险和压力

证券市场的发展以及金融服务的创新使得投资银行的经营风险大大提升，一次投资失败就可能导致整个企业陷入万劫不复的境地，而合伙制下合伙人需要承担无限责任的风险，由此带来的经营压力也大为增加。忧虑于越来越大的风险，有的合伙人会带着自己那份资金及时退出，这就进一步加剧了企业的经营风险，所以企业迫切需要改制以分散经营风险和压力。

（3）激励机制的掣肘与人才竞争的压力

将员工升级为合伙人，这是合伙制投资银行对人才的最高激励，虽然成为合伙人意味着丰厚的回报，但是短期收入并不会得到大幅度增长，而且成为合伙人的机会太过稀少，很多优秀的业务人员也能为公司带来惊人的利润，但是他们终其一生可能也不会得到一个合伙人名额，这多多少少阻碍了企业对于人才的吸引。

再加上股份制公司上市后几乎立刻就能给持有公司股份的员工带来大量收益，对于大部分员工而言显然更具诱惑。

在激励机制的掣肘与人才竞争的压力之下，最终高盛也走上了转型上市之路，但是高盛仍然保留了一定程度的合伙人制度，比如保持了大约 300 人的合伙人队伍，每两年进行一次合伙人队伍的调整，并且依据员工对公司的贡献和文化适应性来选拔新人进入合伙人才库，合伙人仍然保留有大量的股份，并且继续兢兢业业为公司服务,等等。

高盛的激励机制

高盛的激励机制主要表现在其成熟的薪酬体系和完善的激励措施两个方面,如图 7-7 所示。

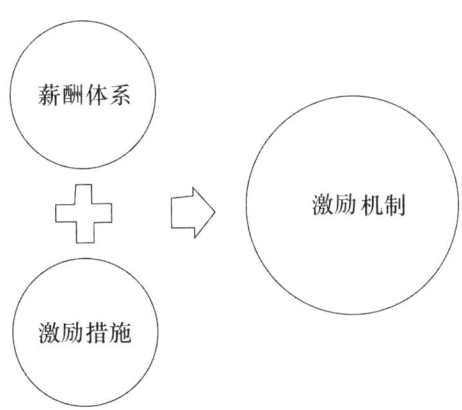

图 7-7 高盛激励机制的两个表现方面

(1) 薪酬体系

高盛的薪酬体系除了业内通用的基本工资、年终红利与福利之外,还包括丰厚的股东回报,基本工资水平根据不同的岗位、员工资历、技能水平和学历水平以及市场的供需情况等多种因素共同决定,普通员工的工资水平在固定的范围内波动,但其整体水平高于行业平均薪酬,在整个行业中处于前四分之一水平。

(2) 激励措施

为了更好地吸引和保留人才,高盛公司在比同行业公司更高的薪酬体系之外,还制定了合伙人薪酬计划、股票激励计划和特定捐献计划等完善的激励措施。其中,合伙人薪酬计划仅面向合伙人群体开展,包括给予合伙人大量的股份等；对于没能成为合伙人的普通员工，则可以按照这个计划持有一定比例的公司股票。该计划实施程度最深的时候，高盛80%的员工手中都持有了公司股票；特定捐献计划则面向由选举产生的特定雇员开放。

➡ 高盛的约束机制

高盛银行激励与约束机制并重，约束机制主要针对合伙人群体制定，具体体现在高管人员签署的各项相关协议，如图7-8所示。

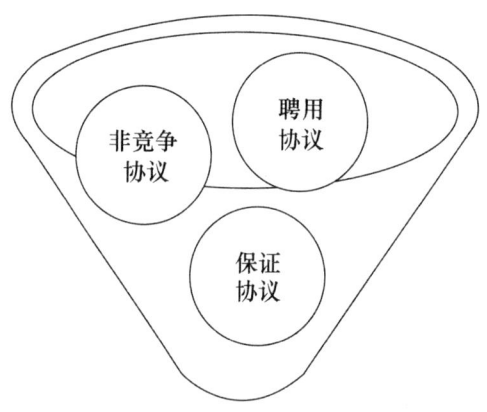

图7-8　高盛约束机制的3个表现方面

（1）聘用协议

聘用协议描述了公司与合伙人双方关于聘用期间以及离职时的相关操作，规定有限合伙人在聘用期间必须全心全意为高盛工作，无论哪一方想要终止聘用协议，必须提前90天提供书面通知。

（2）非竞争协议

非竞争协议包括保密、非竞争、不得带走现有客户、客户关系的移交以及损害赔偿 5 项条款：

★ 保密条款规定有限合伙人必须按照公司规定保护和使用公司内部信息，不得随意披露需要保密的信息；

★ 非竞争条款规定有限合伙人离职后一年内，不可以在与高盛有竞争关系的企业中获取超过 5% 的相关权益，比如公司所有权、利润分享权或者投票权等；

★ 不得带走现有客户指的是有限合伙人在离职一年半时间内，不可以将在高盛工作期间联系到的客户带给公司的竞争对手，不可以鼓动这类客户减少与高盛公司的业务合作，不可以破坏客户与公司的任何联系，不可以鼓动之前的同事跳槽投入竞争性企业；

★ 客户关系移交指的是有限合伙人在离职时，必须在离职前 90 天内将自己的客户关系移交给其他同事，采取合理的措施维护高盛公司的业务和声誉；

★ 损害赔偿指的是员工在离职 5 年内如果违反了上述协议导致公司利益受到损害，就必须赔偿公司的损失，具体的赔偿金额与员工在企业中的身份相关，执行董事会中的一般合伙人需赔偿 1 500 万美元，仅参与公司利润分享的有限合伙人需要赔偿的金额为 1 000 万美元。

（3）保证协议

按照非竞争协议中的损害赔偿条款，合伙人在离职后如果违反了相关条款则需要对公司的损失做出赔偿。为了确保赔偿条款能够顺利实施，公司会要求离职员工拿出与赔偿金额等值的股票或者其他资产作为抵押。除此之外，公司也针对担保协议规定了具体的解除条件：

如果违反相关条例的这名离职合伙人死亡，或者离职时间已经超过2年，或者公司公开发行股票5年之后，该合伙人签署的担保协议将自行终止。但是即便发生了以上情况，高盛也保留继续追偿的权力，如果上述协议产生了任何争端，都可以交由有约束力的裁决机构来解决。